**최고의 교육
여행 하브루타**

최고의 교육
여행 하브루타

초판 발행 | 2019년 7월 30일
—

지은이 | 박미숙
—

만든이 | 이은영
만든곳 | 오후의책
등 록 | 제2015-000040호
주 소 | 세종특별자치시 새롬남로 18
메 일 | ohoonbook@naver.com
전 화 | 070-7531-1226
팩 스 | 044-862-7131
—

ISBN | 979-11-87091-17-2   03370
값 | 15,000원

이 도서의 국립중앙도서관 출판예정도서목록(CIP)은 서지정보유통지원시스템 홈페이지(http://seoji.nl.go.kr)와 국가자료종합목록 구축시스템(http://kolis-net.nl.go.kr)에서 이용하실 수 있습니다.
(CIP제어번호 : CIP2019028127)

보고 느끼고 질문하며
성장하는 여행육아

최고의 교육
여행 하브루타

박미숙 지음

오후의책

유대인 최고의 교육,
하브루타로 떠나는 여행

마타호세프

유대인 부모들이 아이들에게 가장 많이 하는 말은 '마타호세프'이다. 우리 말로는 "네 생각은 어때?", "왜 그렇게 생각해?"라는 뜻이다. 한국의 부모는 아이들이 질문하면 정답을 이야기 해주려고 노력하는 반면, 유대인 부모는 아이들의 질문을 듣고 다시 아이에게 질문한다. 아이들이 자신의 질문에 스스로 생각해 볼 수 있도록 다시 질문을 하는 것이다.

"왜 그렇게 생각해?", "그렇게 생각한 이유가 뭐야?"

한국의 부모는 아이들에게 많은 지식을 주입하고 싶어한다. 아이들이 아는 것이 많으면 똑똑하다는 말을 듣고 좋은 대학을 갈 수 있다고 생각한다. 그런데 우리나라의 주입식 교육은 교사가 똑똑해지는 교육이다. 교사는 일방적으로 아이들에게 열심히 설명하고 아이들은 듣기만 한다. 그리고 교사가 주입한 지식을 외우고 시험을 본다. 그리고 시험이 끝나면 다 잊어버리는 교육을 반복하고 있다.

유대인 교육은 어떠한가? 부모들은 아이들이 스스로 생각할 수 있는 힘을 길러주기 위해 질문한다. 유대인들의 교육방법 하브루타는 짝과 대화하고 질문하고 토론하는 교육방법이다. 여기서 짝은 친구도 될 수 있고 부모도 될 수 있다. 하브루타는 토라Torah, 유대인 경전와 탈무드Talmud, 유대인의 모든 사상에 대하여 구전·해설한 것을 집대성한 책를 교육하는 방법으로, 읽고 질문하고 대화하고 토론한다. 하브루타는 스스로 생각하며 탐구해 가는 자기주도학습이 잘 이루어지는 교육이라 할 수 있다.

스스로 생각하는 아이들

히브리 경전에는 '아이를 자신의 방식으로 걷게 하라. 그리하면 늙어가면서 자연스럽게 자신의 길을 걷게 되리라'는 말이 나온다. 전 세계 베스트셀러 《오두막》의 저자 윌리엄 폴 영William P. Young이 한국 부모에게 쓴 편지에 나오는 문장이기도 하다. 한국 부모는 아이들이 자신의 길을 스스로 선택하고 걸어가도록 허용하지 않는다. 아이들의 인생이지만 부모들의 지시와 명령에 따라 생각하고 공부하는 경우가 대부분이다.

폴 영은 말한다.

"자녀가 스스로 걷게 한다는 것은 어려워 보이지만 실은 간단합니다. 자녀의 질문에 답하지 말고, 물어보세요. "엄마, 새는 어떻게 날 수 있어요?", "왜 그게 궁금해졌니?" 그리고 자녀가 어떻게 반응하는지 지켜보세요. 질문은 당신의 자녀가 어떻게 생각하고, 그들의 감정이 어떤 상태인지 알려주는 창문이 될 것입니다. 좋은 질문 하나는 천 개의 답을 얻을 만한 가치가 있으니까요."

우리는 아이들에게 스스로 생각할 수 있는 기회를 주어야 하고 아이들의 생각을 존중하고 경청해 주어야 한다. 그러기 위해서 아이들을 믿고 기다려야 하며, 부모 또한 아이들과 대화하기 위해 좋은 질문을 할 수 있도록 노력해야 한다. 책을 읽고 아이들과 대화하고 질문을 만들어 토론하는 시간을 만들어 보자.

여행이 주는 것들

우리는 왜 여행을 하는 것일까? 긴 여정의 산티아고 순례길, 험난한 히말라야 트래킹, 미얀마의 트래킹 등 목적이 분명한 여행을 하는 사람, 아름다운 풍경을 보며 여유를 즐기는 사람, 온전히 휴식을 위한 여행 등 여행의 모습은 다양하다. 전 세계의 사람들은 도대체 왜 여행을 하는 것일까? 이 질문에 정답은 없을 것이다.

"즐거우니까 여행을 떠나지요."

"쇼핑하기 위해 갑니다."

"너무 스트레스가 많아 스트레스 풀기 위해 여행을 합니다."

"가족과 추억을 만들기 위해 여행을 하지요."

"여행은 색다른 경험이잖아요."

아이와의 여행은 어떠해야 할까. 여행을 준비하는 과정부터 아이와 대화하며 질문하고 토론하며 어떤 여행을 하면 좋을지 논쟁하는 것은 성장하는 여행을 위한 과정이 될 것이다. 그렇게 준비한 여행은 아이들에게 더욱 생동감 있는 현장을 보여주어 부모와 대화하고 토론하면서 아이 스스로 생각할 수 있는 경험을 선사할 것이다.

여행을 통해 성장하는 아이

가족과 여행을 준비한다면 아이가 성장할 수 있는 여행을 계획해 보자. 여행을 떠나는 목적부터 여행지를 선택하는 과정을 함께하는 것이다. 아이들에게 질문하며 아이들의 생각을 들어보자.

왜 여행을 가는지? 왜 그 나라를 선택하였는지? 아이에게 질문할 거리는 무궁무진하다. 아이의 생각을 들어보고 존중해 준다면 여행에 대한 아이의 생각이 달라지고 한층 즐거운 여행이 될 것이다. 여행을 준비하면서 아이들이 참여할 수 있도록 배려하며 존중해주는 것은 아주 효과적인 교육방법이다.

아이들을 스스로 생각하는 아이로 성장시키고 싶다면 부모가 먼저 달라져야 한다. 좋은 질문을 하기 위해 노력해야 하며, 질문하고 대화하면서 아이의 생각을 존중하고 기다려 주어야 한다.

Contents

Part 1

하브루타란
무엇인가

아이들의 웃음소리는 세상에서 가장 아름다운 소리다. 항상 아이들과 함께 생활하는 즐거움에서 웃음 보너스를 받고 살아가는 나는 무척이나 행복한 삶을 살고 있다.

유치원 마당에서 거미줄을 보던 서영이가 묻는다.

"원장선생님, 거미줄은 왜 하얀 색이예요?"

"정말 하얀색이네. 우리 서영이는 거미줄이 왜 하얀색이라고 생각해?"

"거미 똥 색이 하얀색이라 그래요."

서영이는 똥 이야기를 하며 마냥 웃는다.

"아, 그렇구나. 거미 똥이 하얀색이라 거미줄도 하얀색이구나. 그런데 서영아. 거미줄이 다른 색으로 변신한다면 어떤 색이 좋을까?"

"음, 분홍색이 좋아요. 분홍색은 공주 색이거든요."

"공주 색이 분홍색이구나. 우리 서영이가 좋아하는 색이니?"

"네, 분홍색이 예뻐요."

"그럼 우리 거미와 줄을 그림으로 그리고 색칠해 볼까?"

"네, 빨리 색칠해요."

서영이와 며칠 전 유치원 마당에서 대화를 나누고 그림을 그려보았다. 아이의 거미는 온통 분홍색으로 칠해져 있었다.

정답이 아니어도 좋다. 생각하고 대화하고 이야기를 주고받고 있다 보면 아이들 세상은 재미있고 흥미 있으며 창의적인 세상으로 가득함을 알 수 있다.

흥미롭고 창의적인 아이들 세상을 만들기 위하여 유대인들의 교육방법인 하브루타는 아주 훌륭한 교육법이다.

1
하브루타란 무엇인가

어느 날 텔레비전에서 젊은 청년이 자신의 경험담을 이야기 하고 있었다. 청년이 미국에서 유학할 때 일이다. 유대인 친구를 따라 그의 집에 방문하게 되었는데 거실에는 친구 아버지가 대선 토론을 시청하고 계셨다. 유대인 친구는 아버지에게 말했다.

"아버지, 친구와 재미있는 프로그램을 보고 싶어요."

"지금 프로그램도 재미있어. 지금 너의 용돈 이야기를 하고 있단다."

"어떻게 대선 토론이 제 용돈 이야기라는 거예요?"

"내가 너의 용돈을 계산할 때 내 월급에서 10%를 떼고 계산을 하는데 지금 왼쪽에서 이야기 하는 후보는 세금을 올리려고 하고, 오른쪽에서 이야기 하는 후보는 세금을 내리려고 하고 있어. 그런데 만약 한 사람은 세금을 5%로 올리려고 하고 다른 한 사람은 2% 내리려고 한다면 너의 용돈은 얼마가 차이날 것 같아?"

유대인 친구는 아버지의 이야기를 듣고 열심히 계산했다.

"그럼 아버지는 세금을 내린다는 사람을 지지하세요."

"그런데 그 사람은 이라크에 수염이 많이 나고 텔레비전에 자주 나오는 아저씨 있잖아. 그 사람을 혼내주고 있어. 왜냐면 그 사람이 나쁜 짓을 많이 하고 있기 때문이야. 만약 세금을 내린다면 이라크에 있는 군인들이 먹을 것이 없으면 어떻게 하지?"

아버지의 이야기를 듣고 곰곰이 생각한 친구는 "아버지, 나쁜 사람은 혼내주어야죠?"

갑자기 친구 아버지는 얼굴이 밝아지며 대화를 계속하셨다.

"너는 나쁜 사람과 착한 사람을 어떻게 생각하니?"

청년은 이들이 대화하면서 루소의 성선설과 홉스의 성악설이 교육 되는 것을 보고 놀라웠다고 한다.

요즘 현대인들이 가장 좋아하는 음료는 무엇일까? 아마도 많은 사람들이 '커피'라고 대답할 것이다. 커피는 일상에서 누구나 즐기게 되었다. 그렇다면 전 세계에서 가장 인기 있는 커피숍은 무엇일까? 우리나라에서는 별다방으로도 통하는 스타벅스이다. 체인점이 가장 많은 세계인들이 사랑하는 커피숍이다. 이 스타벅스의 주인은 유대인이다.

우리는 주말이면 영화관을 찾는다. 세계에서 가장 인기 있는 영화사들은 대부분 할리우드 영화사들이다. 할리우드 영화는 스토리가 흥미진진하며 마음을 이끄는 힘이 있어 사람들을 놀라게 하고 즐겁게 한다. 그 영화사들 대부분은 유대인들이 세웠다.

대부분 사람들은 달콤하고 시원한 아이스크림을 좋아한다. 한 가지 맛의 단순한 아이스크림에서 새로운 변화를 주어 31가지 맛을 보게 한 아이스크림이 등장했는데, 누구나 31가지의 맛을 다 먹어보고 싶어할 정도로 인기가 높아 전세계의 사람들이 즐겨 먹는 아이스크림이 되었다. 그 유명한 '31 아이스크림' 또한 유대인이 주인이다.

유대인, 그들은 누구인가?

전 세계 유대인들의 인구는 0.2%(1,500만~1,600만) 정도에 불과하다. 유대인들은 미국과 이스라엘에 가장 많이 살고 있으며, 역대 노벨상 수상자의 25%가 유대인이다.

한국인의 IQ는 세계 최고의 수준이다. 우리나라보다 평균 IQ가 12점 낮은 유대인들이지만 미국명문대 진학률은 30%, 미국 억만장자의 40%, 세계 500대 CEO의 42%를 차지하는 민족이다.

그렇다면 유대인들은 어떻게 세계 최고가 될 수 있었는지 궁금하지 않을 수가 없다. 해답은 그들의 교육방법에 있다는 것이 일반적이다. 유대인 부모들은 자녀들에게 유일신 여호와의 율법인 토라와 탈무드를 가르쳐왔다. 가정에서 자녀를 가르치는 중심은 아버지이며, 아버지와 짝이 되어 대화하고 질문하며 발전시켜왔다.

"유대인은 탈무드의 한두 구절을 가지고도 한참 동안 논쟁을 벌인다. 한 사람이 해석하면 다른 사람이 그 해석에 대해 반복하면서 논쟁이 계속된다. 그러다가 어느 정도 시간이 지나면 해석하고 질문하는 역할을 바꾸어 논쟁을 계속하는 이른바 하브루타 공부법을 평생 해나간다.

하브루타에서 두 사람은 각자 발췌한 본문을 이해하기 위해 분투하고 보다 큰 이슈와 자기 삶에 적용하는 방법을 토론한다."

- 《부모라면 하브루타로 교육하라》

아버지와 토라와 탈무드를 읽으며 질문하고 대화하는 교육방법이 '하브루타Havruta'이다. 하브루타는 '친구'를 의미하는 '하베르'가 어원이다. 하브루타는 가정이나 학교, 교회에서 토라와 탈무드를 읽으며 토론하는 그들의 교육방법이다.

유대인 부모들은 자녀들이 질문하는 것을 교육의 덕목이라 생각해, 자녀가 학교에서 돌아오면 선생님에게 어떤 질문을 했는지 묻는다.

"너의 생각은 어때?"

"왜 그렇게 생각해?"

"그렇게 생각한 이유가 무엇일까?"

"너는 어떻게 생각해?"

"너의 생각을 이야기해줄래?"

"그렇게 생각하면 어떤 일이 생길까?"

유대인들의 교육방법인 하브루타를 우리나라에 맞게 정의 내린 전성수 교수는 하브루타를 다음과 같이 정의했다.

'하브루타는 짝과 함께 대화하고 질문하고 토론하고 논쟁하는 것'

우리나라 가정은 아이들과 제대로 대화를 하고 있을까?

우리는 자녀와 얼마나 대화를 하며 소통을 하는 것일까?

아이들에게 일방적으로 지시하며 훈계를 하는 것은 아닐까?

현대 사회는 지식과 정보가 넘쳐난다. 이러한 사회 속에서 생각의 탄력성을 키워 생각의 폭을 넓혀 간다면 우리나라의 미래 또한 밝을 것이다. 그 역할을 해주는 최고의 교육방법이 하브루타라 할 수 있다.

하브루타는 아이들과 질문을 통해 소통할 수 있으며 짝의 말에 귀를 기울이게 되면서 경청하는 습관도 갖게 해준다. 부모는 아이들이 다르게 생각하며 비판적 사고를 할 수 있도록 질문해야 한다.

하브루타를 어렵다고 생각하는 사람들이 많이 있다. 부모들은 주입식 교육으로 질문하고 토론하는 교육을 받지 못했고, 사회적으로도 질문하는 문화가 아니었기 때문일 것이다. 하지만 어렵고 어색하다고 포기한다면 우리 아이들의 미래는 어떻게 흘러갈 것인가?

나에게 질문을 해보는 습관을 가져보자. 매일 아침 일어나 거울 속 나에게 하브루타를 해보는 것이다. 나에게 질문하고 내가 답을 하는 모양이지만 질문하는 습관을 기르기에 좋다. 질문을 통해 나를 뒤돌아보며 하루의 계획을 세워 실천할 수 있는 힘을 가질 수 있다.

나를 위해, 우리 가족을 위해 오늘 하루도 질문하는 습관을 만들다 보면 나도 모르게 하브루타를 익숙하게 하고 있는 자신을 발견할 것이다

2
왜 하브루타인가

2011년 여름방학에 14살인 둘째 아들과 배낭을 메고 인도여행을 시작했다. 꿈에서도 그리던 인도였기에 하늘을 날 듯 기분 좋은 출발이었다. 8일 동안 많은 도시를 이동하며 인도를 즐겼다. 마지막 날 우리는 바라나시에 도착하여 짐을 풀고 갠지스강에 가기 위해 호텔을 나섰다.

"별아, 사람들에게 길을 물어봐. 빨리 찾아 가야지."

"싫어요. 지금 너무 힘들어요."

"그럼 어떻게 하니. 몇 마디만 하면 되잖아."

"엄마가 하세요. 엄마도 영어 하시잖아요."

"아냐, 엄마는 별이가 하면 좋겠어."

별이는 많이 피곤하다며 짜증스런 표정으로 입을 꾹 다물고 서 있었다. 그렇게 한참을 길에서 멍하니 사람들만 바라보고 있으니 속상하기도 하고 별이가 보기 싫어졌다.

지금 이 상황을 어떻게 하면 좋을까 잠시 생각해 보았다.

"좋아. 지금 엄마는 너와 같이 가기 싫어. 우리 따로 가자."

그렇게 이야기하면 별이가 잘못했다고 할 줄 알았다.

"네, 알았어요."

별이는 무심히 대답하고 걸어간다.

"별아, 아씨 가트에서 만나는 거야. 알았지."

당황스러웠지만 큰 소리로 만날 장소를 이야기해 주었다.

이러다 별이가 길을 잃어버리면 어쩌나 마음이 무거웠지만 일단 길을 물어 아씨 가트를 찾아 한참을 걸어갔다. 아씨 가트에 도착하니 별이는 벌써 도착해 현지인과 이야기를 나누고 있었다. 웃으며 이야기 하고 있는 별이를 보니 반갑기도 하고 화가 나기도 했다.

"엄마, 잘 찾아오셨네요. 저도 금방 왔어요."

아무 일도 없었다는 듯 별이는 나를 보며 웃는다.

내가 아들과 무엇을 한 건지 창피했다. 우리는 서로 웃으며 한국인이 운영하는 식당을 찾아 오랜만에 한국 음식으로 점심을 먹었다.

"별아, 조금 전에는 왜 그렇게 행동했니?"

별이의 행동이 너무 당황스러웠기에 묻지 않을 수 없었다.

"엄마는 제 생각은 안 하는 듯 해요."

"아냐. 엄마는 늘 별이를 생각하는데."

"하지만 엄마는 저에게 계속 명령하듯 말씀하시잖아요. 제 의견이나 제 생각은 전혀 안하시잖아요. 그래서 속상했어요. 조금 전에 버릇없이 행동해 죄송해요."

인도 바라나시 갠지스강

어떤 질문을 할 수 있을까

1. 사람들은 계단에서 무엇을 하고 있는 것일까?

2. 갠지스강은 왜 흙탕물일까?

3. 왜 배들이 많을까?

4. 저 배들은 무엇을 하는 배일까?

5. 계단 옆에 있는 건물들은 집일까?

6. 배 주인은 누구일까?

7. 갠지스강을 청소하는 사람들은 없을까?

별이의 말에 큰 충격을 받았다. 항상 아들의 입장에서 생각한다고 했는데 아들은 내게 일방적인 엄마라는 것이다.

아들과 함께한 첫 인도여행. 다시 그때로 돌아갈 수 있다면 별이와 더욱 즐거운 시간을 보냈을 것이다. 그때는 하브루타를 몰랐다. 이제라도 별이에게 한 실수를 만회하고 싶다. 나는 다시 그때로 돌아가 별이와 하브루타식 인도 여행을 계획하려 한다. 별이에게 이렇게 물을 것이다.

"별아, 엄마가 이번에 인도를 여행 가려고 하는데, 너 혹시 인도를 알고 있니?"

먼저 아이의 호기심부터 자극하고 인도에 대해 흥미를 가지게 할 것이다.

"인도는 엄마가 굉장히 여행 가고 싶은 나라야. 그런데 엄마 혼자 가려고 하니 조금 무서워. 혹시 엄마와 같이 인도 여행 가는 거 어떻게 생각해?"

그리고 아이에게 선택할 수 있는 기회를 줄 것이다.

"엄마가 좋아하는 나라가 인도였구나. 인도는 어디에 있어요?"

"그럼 엄마와 지도로 한 번 찾아볼까?"

"네, 재밌을 것 같아요."

그렇게 아이와 지도를 펼쳐 인도의 위치를 찾아보고 인도가 어떤 나라인지 더 궁금하도록 질문한다면 아이는 인도를 깊이 알게 될 것이다.

"별아, 우리가 인도에서 내린 공항 이름 기억하니?"

"간디 공항이잖아요."

"맞아. 간디 공항이야. 그런데 간디가 누군지 알아?"

"아뇨. 간디가 사람 이름이었어요?"

"응. 간디는 인도에서 유명한 사람이야. 여기봐. 돈에도 그분 사진이 있어."

"그렇구나. 그럼 간디는 어떤 사람이에요?"

"글쎄, 어떤 사람일까? 별이가 찾아보고 엄마에게 이야기 해줄래?"

아이에게 답을 가르쳐 주는 것보다 스스로 답을 찾아가도록 격려해 준다면 더 많은 생각을 하고 자기주도적 경험을 하게 되는 것이다.

하브루타는 짝을 지어 대화하고 질문하고 토론하고 논쟁하는 것이다. 우리는 짝을 지어 대화를 나누는 것은 아니지만 일상에서 하브루타를 하며 살아가고 있다. 다만 친구의 말을 들어주기보다는 나의 이야기만을 하는 경우가 대부분이다.

우리는 일상 속에서 새로운 변화를 가져와야 한다. 많은 사람들이 4차 산업혁명을 이야기한다. 이렇게 급변하게 흘러가는 시대에 아직도 구태의연하게 반복되는 가정교육을 답습하며 아이들을 양육하고 있다. 새로운 변화는 가정에서부터 시작되어야 한다. 부모들이 앞장 서서 양육하는 방법에 변화를 준다면 우리 사회는 4차산업혁명의 주역들을 길러 낼 것이다.

그렇다면 어떤 변화를 가져와야 할까? 지금도 늘 하고 있지만 잘못되었다는 것을 깨닫지 못하는 부분이 '대화'이다.

우리는 아이들과 어떻게 대화를 하고 있는가? 지시하고 명령하고, 아이들의 생각을 존중하기보다 아이들의 판단력을 믿지 않으며, 일방적인 부모의 생각으로 아이들을 양육하고 있지 않은가. 이런 자세를 유지한다면 우리 아이들의 미래는 우리와 별반 다르지 않을 것이다. 하지만 하브루타로 대화하고 질문하고 토론한다면 우리 아이들 또한 유대인들처럼 세상을 이끌어 나갈 수 있는 인재가 될 것이라고 믿는다.

유대인들은 안식일을 중요하게 생각하며 꼭 지킨다. 안식일은 금요일 해가 질 때 시작하여 다음날 토요일 해가 지기 전에 끝난다. 지금도 유대인들은 안식일이 되면 금요일 저녁에 멀리 있는 식구들도 모여 안식일 식탁을 즐긴다. 제일 맛있는 음식을 준비하며 포도주를 마시고 이야기를 나눈다. 일주일동안 가족들의 일상을 하브루타식으로 대화한다.

우리의 식탁에도 가능한 일이다. 식탁에 앉아 부모가 자녀의 이야기에 경청하고 자녀의 이야기에 질문하며 관심을 가진다면 어떨까? 아이들과 세상을 구하는 대화를 나누라는 것이 아니다. 자녀의 일상에 대한 소소한 이야기로 대화를 나누고 질문하고 토론한다면 아이들은 부모가 자신에게 관심을 가지고 있으며, 내가 무엇을 좋아하고 싫어하는지 알고 있다고 생각할 것이다.

사춘기에도 부모와 대화를 나누고 싶어하는 아이로 키우고 싶다면 매일 아이들과 충분한 대화를 주고받으면 된다. 그러기 위해서는 먼저 저녀의 말에 경청하고 질문할 수 있는 부모가 되어야 한다.

인도 여행 (2011. 7.25)

★첫째 날
간디 공항 도착(20시 30분) → 택시로 델리에 있는 호텔로 이동(40분) → 호텔 체크 인 → 취침

★둘째 날
호텔 조식 → 베낭을 메고 근처 사설환전소에서 환전 → 오토릭샤로 빠하르간지 이동 → 지하철을 타고 찬드니촉 이동(현지인거리) → 붉은성 입장(500루피) → 사이클릭샤로 자마 마스지드 이동(예배시간을 알아보고 가야함. 예배시간은 입장 불가. 인도 이슬람사원 중 가장 큰 규모. 입장료 200루피) → 베낭을 메고 한시간 걸어 올드델리역으로 이동 → 기차를 타고(18시간 이동) 자이살메르 출발(기차 안에서 숙박)

★셋째 날
자이살메르역 도착 → 숙소 이동(호텔에서 픽업) → 호텔 옥상식당에서 점심(인도씩 카리와 볶음밥) → 낙타 사파리(강추) → 자이살메르성 주변 산책 → 저녁, 인도식당(탄두리치킨 짜이) → 자이살메르성 야경 → 취침

★넷째 날
자이살메르 성과 전망대 → 점심(성안에 있는 리틀 이태리식당) 인도식 피자와 콜라 → 간디촉(자이살메르시장) 토머스쿡에서 환전 → 타이타닉 식당(한국음식을 판매, 라면, 김밥) → 체크아웃 기차역으로 이동 → 자이푸르 이동 → 기차에서 숙박

★다섯째 날
새벽 4시 5분 자이푸르역 도착 → 오토릭샤로 호텔 이동 → 체크인 → 핑크시티 이동 → 하와마할(바람의 궁전, 입장료 100루피) → 시티팰리스(입장료 300루피) → 인도버스를 타고 암베르성 이동(입장료 200루피) 버스비(10루피) → 버스로 핑크시티로 돌아옴 → 시장에서 과일 쇼핑 → 모띠마할 디럭스레스토랑을 찾아 탄두리치킨으로 저녁 → 호텔

★ 여섯째 날

새벽 4시 5분 자이푸르역으로 이동 → 6시 기차 승차 아그라 칸트역 이동(3시간 30분 소요) → 아그라칸트역에서 호텔로 이동 → 토머스쿡에서 환전 → 타지마할 이동(외국인은 입장료가 비쌈. 생수와 신발커버 무료) → 타지마할 입구에서 오토릭샤와 흥정 (시칸드라, 이티마드 우드 다울라, 아그라성, 호텔) 400루피로 흥정 → 시칸드라 이동 (악바르황제가 잠들어 있는 곳) → 이티마드 우드 다울라(baby taj) → 아그라성(아바르황제에 의해 건축, 아그라성에서 타지마할이 보임) → 저녁식사(맥도날드) → 호텔

★ 일곱째 날

호텔 조식 → 자마 마스지드(샤자한왕이 만든 이슬람 사원) → 끼나리 바자르(인도시장) → 점심(인도식 백반 탈리와 라시) → 퍼시픽몰(쇼핑) → 아그라 칸트역(11시 5분 기차) → 바라나시 출발(기차에서 숙박)

★ 여덟째 날

바라나시 정션역 도착 → 호텔 이동(오토릭샤) → 갠지스강(고돌리아) → 화장터가 있는 마니가르니카 가트 → 라가카페(한국음식이 있는 식당) → 바라나시 시장 → 호텔

★ 아홉째 날

호텔에서 조식 → 아씨 가트 → 갠지스강에서 리아 띄우기 → 골목 쇼핑 → 기차역 이동 → 델리로 이동(기차에서 숙박)

★ 열째 날

뉴델리 도착 → 메트로타고 인디안게이트 이동(20루피) → 빠하르간지 이동(메트로 이동-사기 당하여 가지 못한 빠하르간지 여행자들의 거리. 상점과 음식점 환전소가 많다. 인도 약국에서 모기약 오도모스는 정말 꼭 사야하는 물건이다) → 점심(짜파티와 라시) → 뉴델리 현대판 쇼핑몰(코너플레이스) → 공항지하철 타고 공항으로 이동

3
되질문 하기

유치원 마당은 잔디밭이다. 봄이 되면 메마른 땅이 연둣빛으로 물들기 시작해 봄이 익어갈 무렵엔 진한 초록빛으로 변해간다. 그때가 되면 잔디밭에는 아이들의 활기찬 웃음소리가 만발한다. 뛰어다니며 놀고 있는 아이들 모습에서 활기찬 생명력이 역동하는 것을 느낀다. 나는 여름이 오기 전 유치원 작은 텃밭에 아이들에게 선물하고 싶은 꽃을 심기 위해 아침부터 도구를 챙겨 분주하게 마당으로 나갔다.

"원장 선생님, 어디 가세요?"

"텃밭에 가려고. 하나는 어디 가는 거야?"

"화장실 가려구요."

7살 여자 아이 하나는 내 손에 들고 있는 작은 가방을 바라보며 무척이나 궁금한 표정으로 질문을 한다.

"그런데 그 가방에는 무엇이 들었어요?"

"우리 하나가 궁금하구나. 그럼 보여줄까?"

"네에~."

하나는 기뻐하며 가방 속을 들여다 보았다. 언제 나타났는지 다른 아이들도 가방 속을 들여다 본다. 가방 속에는 꽃삽과 씨앗, 물조리개, 장갑이 들어 있다.

"우리가 마당에서 땅 파고 씨앗 심을 때 사용하는 거잖아요."

"맞아. 너희들 정원놀이 할 때 사용하는 것이지."

"원장 선생님도 정원놀이 하실 거예요?"

"아니, 너희들을 위해 꽃을 심으려고."

"어떤 꽃을 심어요?"

"여기 씨앗봉지에 보면 봉숭아라고 적혀 있어. 봉숭아를 심어 예쁘게 자라면 우리 손톱에 엄마 매니큐어처럼 예쁘게 물들이자."

"와, 예쁘겠다."

하나는 두 손을 맞잡고 뛰며 기뻐한다.

하브루타를 배우기 전에는 아이들이 질문을 하면 답을 이야기해주려고 했다. 어려운 질문을 해도 정답을 알려주고 정확하게 아이들이 이해하는지, 대답이 어렵지 않은지 배려하며 아이들 질문에 열심히 답을 해주었다. 그렇게 해야 좋은 선생님이고 좋은 엄마라고 생각했다. 하나와 대화에서도 아이 질문에 답을 해주며 다음에 어떻게 하자는 앞으로의 행동까지 이야기 해주는 친절한 원장 선생님이었다.

유치원 식당에서 전체 원아들이 함께 점심을 먹는다. 백 명이 넘는 아이들이 같이 모여 있으면 마치 시장통 같다. 선생님들이 조용히 시켜도 그때뿐이기 때문에 가끔 마이크를 들고 아이들을 집중시킬 때가 있다.

"소망"

"유치원"

이렇게 몇 번을 반복하면 아이들은 조용히 집중한다.

그날도 마이크를 들고 아이들을 집중시키고 식당에서 지켜야 할 규칙에 대해 이야기 하고 있을 때 아라가 손을 들어 질문한다.

"원장 선생님, 마이크는 왜 큰소리가 나오는 거예요?"

"마이크는 큰소리를 나게 해주는데 왜 그렇게 큰소리가 나오는지 원장 선생님도 궁금하네. 아라야, 왜 그럴까?"

아라의 질문에 나도 궁금하다며 되질문을 해보았다.

"음…, 마이크에는 마법 나비가 살고 있을 거예요."

"마법 나비?"

"네, 마법 나비가 원장 선생님이 이야기를 하면 마법으로 큰 소리가 나오게 하는 거예요."

"아…하, 마법나비가 마법으로 그렇게 해주는 것이구나. 그럼 마법 나비는 어떻게 마이크 속으로 들어갔을까?"

"에이, 원장선생님은 그것도 몰라요. 마법나비는 마법으로 마이크 속으로 들어갔어요."

"아…, 그렇구나. 마법으로 마이크 속으로 속 들어갔네."

"그럼요. 마법을 아주 잘하는 나비일 거예요."

"그럼 그 나비는 마이크 속에서만 사는 거야?"

"아니에요. 마법 나비는 마이크 속에서만 마법을 사용하구요. 마이크 밖으로 나오면 보통 나비와 똑같아요."

"그런 마법 나비구나. 그럼 나비는 보통 어떻게 살아가는 거야?"

아라 이야기가 너무 재미 있어 밥을 먹기 전 한참 대화를 나누었다.

"나비는 하늘을 날아다녀요. 예쁜 날개가 있잖아요."

"어떻게 하늘을 날아다니지? 아라가 알고 있으면 원장 선생님에게 알려줄래?"

아라는 나비에 대해 알고 있는 지식을 이야기해주며 밥 먹는 것도 잊고 신나게 이야기를 해주었다.

첫 번째 아이와의 대화처럼 되질문을 하지 않은 대화는 지루한 대화에 지나지 않았다. 아이의 호기심을 자극하지도, 아이의 생각을 확장 시키지 못했다.

두 번째 아이의 대화에서는 아이에게 되질문을 하였더니 아이의 사고 확장과 독창적인 재미있는 이야기를 들을 수 있었다. 어른이라면 마이크에 나비가 살고 있다는 상상을 할 수 있을까?

아이들의 상상력은 창의성에 중요한 부분이기 때문에 성장하여 위대한 성공을 가져올 수도 있다. 우리들에게 친숙하고 유명한 영화감독 스티븐 스필버그의 〈ET〉를 기억하는 사람들이 많을 것이다.

스티븐 스필버그의 아버지는 어릴적 아들을 차에 태우고 깜깜한 사막을 한참 달려갔다. 어느 정도 갔을 때 차가 멈추고 아버지는 스필버그에게 모포 한 장을 주었다.

"여기에 모포를 깔고 누워봐."

주변을 둘러보니 많은 사람들이 모포를 깔고 누워 있었다.

"도대체 지금 누워서 무엇을 하는 거지?"

유심히 보니 그들은 누워서 밤하늘을 바라보고 있었다. 스필버그도 아버지와 함께 모포를 깔고 누워 밤하늘을 바라보았다. 그날은 밤하늘의 별을 가장 잘 볼 수 있는 날이었기 때문에 많은 사람들이 별을 보기 위해 누워 있었던 것이다.

스필버그는 누워 하늘을 보며 가장 빛나는 별을 보며 생각했다. 저렇게 빛나는 별 속에 내 친구가 있지 않을까? 어린 시절 밤하늘의 별을 보며 스필버그는 별 속 친구를 상상했고, 영화감독이 되어 〈ET〉를 탄생시켰다.

우리는 아이들이 질문을 하면 정답을 이야기 해주어야 한다고 생각한다. 나 또한 하브루타를 알기 전에는 아이들이 질문을 하면 정답을 이야기해 주어야 한다고 생각했다.

유치원에서 아이들이 질문을 하면 "선생님이 가르쳐 줄게. 그것은 말이야……." 왜 그렇게 정답을 알려주려고만 했을까?

가정에서도 마찬가지이다. 아이들이 부모에게 질문을 하면 모르는 것은 검색해서라도 꼭 정답을 알려주려고 한다. 아이에게 지식을 주입할 좋은 기회라고 생각하는 것이다.

아이들의 질문에 부모와 교사, 어른들은 정답을 이야기 해주기보다 아이들의 상상력과 생각을 자극할 수 있는 되질문을 해준다면 아이들은 많은 성장을 할 수 있을 것이다. 예를 들어보자

"엄마, 비는 어떻게 내려요?"

되질문은 어떻게 할까?

"우리 아람이는 비가 내리는 것이 궁금하구나. 엄마도 비가 어떻게 내리는지 잘 모르겠는데, 아람이 생각은 어때?"

아이의 호기심에 엄마도 관심이 있다는 사실을 아이에게 알려주며 아이의 생각을 다시 되질문 하는 것이다.

물론 아이가 "몰라. 엄마가 대답해줘", "나는 모른다 말이야", "엄마는 바보야. 왜 몰라"라며 대답을 회피할 수도 있다. 그렇다고 부모가 정답을 이야기해 준다면 아이는 더 이상 성장하지 못한다.

"엄마도 모르겠는데, 우리 아람이가 생각해 보고 엄마에게 이야기해주면 좋겠는데, 생각해 볼래?"

생각하기 싫어하는 아이들에게는 생각할 시간을 주는 것도 좋은 방법이다.

"엄마, 비는 하늘에서 천사가 물을 뿌려주는 거예요."

"아…, 천사가 물을 뿌려주는 것이 비가 되는구나."

"근데 천사가 왜 물을 뿌려주지?"

"나무랑 꽃이랑 물이 있어야 하잖아요. 그래서 잘 자라라구 뿌려주죠."

"물이 없다면 어떻게 될까?"

"엄마는 그것도 몰라요? 물이 없으면 다 죽어요."

"맞다. 꽃들도 나무들도 물이 있어야 잘 자라는구나."

유대인들은 아이들이 궁금한 것에 대해 질문을 할 때 부모가 바로 정답을 이야기해주는 것을 금기한다. 그리고 아이들이 스스로 생각하고 호기심을 충족시킬 수 있도록 되질문을 하거나 그 주제에 맞는 책을 찾아 함께 이야기를 나누며 아이가 질문한 내용을 해결할 수 있도록 돕는 역할을 한다.

유대인 부모들은 아이들의 관심분야에 대해 책을 찾아가며 공부를 한다. 아이들에게 정답을 이야기해주기 위함이 아니라 아이와 토론을 하기 위해 노력하는 것이다. 아이들 질문에 되질문을 하고 관심분야에 대해 부모가 아이와 함께 토론을 한다면 아이들의 사고는 많은 성장을 할 것이며, 부모의 공부하는 모습을 보며 자란 아이들은 스스로 공부하는 습관을 가지게 되는 것이다.

아이와의 대화에서 질문의 형태를 바꿔 대화를 한 것뿐이지만 아이들의 상상력을 자극하며 아이들의 궁금증을 유발하는 계기가 될 수 있다. 이제부터 아이들에게 되질문하는 습관을 가져보자. 유아기는 질문을 많이 하는 시기이기 때문에 부모의 되질문은 아이들을 성장시키는 좋은 매개체가 될 수 있을 것이다.

하브루타는 공기처럼 스며들어야 하는 것처,럼 되질문 또한 하루 아침에 아이가 대답을 잘 하거나 대화가 잘 되지는 않을 것이다. 반복적인 실천이 필요하며 질문하는 습관을 가지다 보면 아이들은 생각의 탄력성이 생기고 질문하고 대답하는 습관을 갖게 될 것이다.

4
부모의 현실

가장 추억에 많이 남는 여행 중 미얀마 트래킹이 있다. 2박3일 동안 현지인 가이드를 따라 산으로 들로 길을 걸어다닌다.

우리는 아침 일찍 가이드를 만나 인사를 하고 걷기 시작했다. 하루종일 걸어야 한다는 것이 겁이 나기도 하지만 걸으면서 미얀마의 풍경과 그들의 삶을 볼 수 있다. 시간이 지날수록 발걸음은 무거워지고 뜨거운 태양의 빛줄기가 나를 지치게 할 때 산속 마을에 도착하였다. 그곳이 우리가 묵을 숙소였다.

시원하게 샤워를 하고 싶었지만 그러기에는 무리가 있어 대충 씻고 저녁을 먹었다. 배가 고파 너무 빨리 먹었는지 산책이 하고 싶어 숙소를 나서니 거리는 완전한 어둠이다. 마을엔 전기가 없었다. 빛이라고는 모닥불을 피워 삼삼오오 이야기하는 마을 사람들뿐, 길을 걷기에도 힘들 정도다.

우리는 모닥불 빛을 보고 마을 사람들이 모여 이야기하는 곳을 찾아 갔다. 그들은 처음 보는 우리를 환하게 웃으며 반겨주었다. 모닥불 주변 에는 가족들이 앉아 마늘을 구워 먹고 있었다. 우리에게 마늘을 주며 맛 있다는 손짓을 해주었다. 아이들은 우리 모습이 신기한지 한참을 쳐다보 며 웃기만 하였다.

개구쟁이들의 웃는 표정이 얼마나 평온해 보였는지 모른다. 아이들은 저런 표정이여야 한다. 이 아이들은 매일 무엇을 하며 시간을 보낼까? 너 무 궁금해 가이드에게 물어보았다. 마을 아래쪽에 학교가 있어 학교에서 공부하고 돌아오면 종일 동네를 뛰어다니며 놀이를 한단다.

한국에서 가져온 색종이를 접어 아이들에게 선물해 주니 신기한 듯 쳐 다보며 마냥 좋아한다. 색종이로 카메라를 접어 사진 찍는 포즈를 잡아 주니 개구리가 뛰어가듯 놀라며 환하게 웃어준다.

아이들에게 색종이와 연필을 선물로 주고 왔다. 작은 선물에 기뻐하는 그 아이들의 웃는 모습이 지금도 생생하게 기억된다. 전기도 없는 산속 마을에서 마음껏 뛰어놀며 자라는 아이들이 행복해 보였다. 눈을 감고 어 릴 적 나를 생각해 보았다. 동네 친구들과 놀이를 하며 이곳저곳을 뛰어 다니며 즐겁게 놀던 시절, 그때는 놀이터도 없었다. 산과 들이 놀이터였 다. 친구들과 함께한 추억이 소중한 기억으로 남아있다.

지금 우리 아이들은 어떤 모습으로 살고 있을까?

우리들의 하루는 분주한 아침으로 시작된다. 아이를 깨우고 씻겨 옷 을 입히고 밥을 먹여 유치원에 등원을 시켜야 하고 부모도 출근을 준비하느라 바쁘다.

결혼하기 전엔 나 혼자 몸 하나 챙겨 출근하기도 힘들었는데 이제는 가족을 챙겨야 하는 슈퍼 부모가 되어 있는 우리를 볼 때가 자주 있다. 그런 분주한 아침을 보내고 출근하여 직장생활에 충실히 업무를 수행하고 퇴근을 한다. 집으로 돌아가기 전 일찍 귀가하는 부모 중 누군가는 시장을 보고 저녁을 준비하고 아이들을 맞이한다. 귀가한 아이들을 씻겨 밥 먹이고 청소하고 아이들을 재우며 부모들은 겨우 하루를 마감한다.

상상만 해도 지치고 힘든 일반적인 가정의 모습이다. 이런 생활 속에서 아이들의 양육을 고민해야 하고 우리 아이들이 똑똑하고 올바르게 자라기를 바라며 부모들은 노력하고 있다.

부모들은 아이들에게 많은 것을 원하는 것은 아니지만 많은 지식을 습득하고 남들보다 뛰어나기를 바라는 마음이 간절하다. 우리 부모들은 한결같이 자녀가 좋은 대학에 들어가 좋은 직장에 취업을 하여 인생을 편하게 살아가기를 바란다.

아이들은 학습이 최우선이 되어 유치원 아이들도 영어, 한글, 미술, 음악 등 많은 학원을 다니기에 바쁘다. 대부분 부모들의 생각에 아이들의 삶은 맞추어져 있다.

왜 아이들의 삶의 선택권이 부모에게 있는 것일까?

진정 아이들을 존중하여 질문한 적이 몇 번이나 될까?

아이들에 대해 우리는 얼마나 알고 있을까?

아이들의 발달에 따라 부모는 어떻게 해야 하는지 우리는 얼마나 알고 있는 것일까?

부모들은 어떤 부모가 되어야 하는지, 아이들을 어떻게 양육을 해야 하는지 모르는 상태에서 부모가 된다. 그러다 보니 많은 시행착오를 격으며 아이들에게 상처를 주며 부모들도 상처를 받으며 살아간다.

요즘 주변의 아이들을 보면 부모들이 자존감을 높여주기 위해 무조건적인 허용을 하는 경우를 많이 볼 수 있다. 그런 모습을 보면 안타깝기도 하고 가슴이 아프기도 하다.

우리는 어떤 사람과 결혼을 할지만 생각하지, 어떤 부모가 될 것인가를 생각해 본 적이 있는가. 학교 교육에서 어떤 부모가 되어야 아이들을 올바르게 양육하며 잘 키울 수 있을지 생각하게 해야 하며 진지하게 친구들과 토론할 수 있는 사회 분위기를 만들어 주어야 한다. 고등학생이 공부해야 할 것들이 얼마나 많은데 부모교육까지 해야 하냐고 하겠지만 좋은 부모가 되기 위한 교육을 통해 학생들의 장래희망이 더 명확해질 수 있으며, 책임감 있게 살아야 한다는 생각도 할 수 있다.

앞으로 다가올 우리들의 모습은 지금보다 더 분주하고 바쁜 일상이 펼쳐질지 모른다. 이제는 자신의 삶을 어떻게 살아갈 것인지를 계획하고 설계하는 삶을 살아가야 할 때가 되었다. 그중 가장 중요한 부분이 자녀를 출산하고 양육하는 문제이다.

유대인들은 남자 13살, 여자 12살에 성인식을 한다. 우리나라의 성인식과 많은 차이를 보이는 유대인 아이들은 성인식을 1년동안 준비한다. 준비하는 1년동안 아이들은 자신의 정채성에 대하여 고민한다. "나는 무엇이며, 나는 왜 이 세상에 존재하는지, 무엇을 해야하는지"에 대해 생각하는 시간을 갖는다. 그리고 성인식 때 많은 사람들 앞에서 할 설교를 준비하고 원고를 다듬고 말하는 훈련을 한다. 그래서인지 이들에게는 사춘기가 따로 없다.

또한 가족들은 성인식을 치르는 아이들에게 많은 돈을 준비해준다. 그 돈은 부모가 관리하는 경우도 있지만 스스로 관리하며 경제적인 개념까지 확립하게 한다.

여러 면에서 우리나라의 양육과는 많은 차이를 보이는 유대인들의 교육방식이다. 이렇게 자신의 정체성을 확립하고 경제적인 개념까지 생기는 유대인들은 성인식을 통해 성장해서 어떤 부모가 될 것인지도 충분히 생각할 기회가 될 것이다.

5
아이들의 현실

별이와의 미얀마 여행에서 두 번째로 기대한 곳은 바간이다. 바간은 불국토를 꿈꾸던 고대인들이 건설한 도시로 해돋이를 보기 위해 많은 외국인들이 새해에 찾아오는 도시이다. 별이와 새해를 바간에서 맞기 위해 여행을 계획했고 무사히 도착했다. 오후에 도착해 게스트하우스를 정하고 길을 걸어 도시를 구경하였다.

그때 지나가는 청년이 호수에서 선셋을 즐기면 너무 좋다고 하길래 궁금한 마음에 별이와 강으로 달려가 보았다. 작은 배들이 주변 유적지로 데려다 주는 일정이였다.

손님은 우리 둘뿐이었다. 조금은 겁이 나기도 하고 위험하다는 생각을 했지만 사공의 아들 덕분에 그런 마음은 눈 녹듯 사라졌다.

아이는 10살 남자아이였다. 아빠을 돕기 위해 함께 나와 있다는 아이는 자신의 키보다 큰 막대기를 휘저어가며 배를 움직이고 있었다.

"엄마, 저 아이는 일을 너무 잘하는 것 같아요."

"그런 것 같은데, 힘들겠어."

안쓰러운 마음으로 아이를 바라보았지만 아이는 환하게 웃으며 기분 좋게 일을 하고 있었다. 배는 여유로운 몸짓으로 강으로 흘러가고 아이는 어느새 별이와 이야기를 나누고 있었다. 영어를 잘 하지 못해 손짓을 해가며 이야기를 하지만 대충은 알아듣는 듯 웃으며 즐거운 시간을 보냈다. 그렇게 한참을 흘러 배는 육지에 멈추었고 내리라고 손짓을 한다.

아빠 사공은 배를 지키고 아이는 우리를 안내하기 위해 배에서 함께 내렸다. 꼬불꼬불 산길을 따라 20분 정도 걸었나 보다. 작은 절이 나타났다. 많은 시간이 흘러 퇴색되고 이끼가 자리잡고 있는 절은 사람들 손길을 회피하듯 편안하게 잠을 자는 듯 고요하다.

어둠이 내리기 시작하여 우리는 빠르게 움직여 배로 돌아왔다. 그렇게 짧은 여행이 끝나고 아이와도 헤어졌다.

"엄마, 저 아이는 학교를 다닐까요?"

"그럼. 여기도 학교는 있다고 들었어. 껠로에서도 학교를 보았잖아."

"그렇겠지요. 그 아이가 너무 힘들 것 같아 마음이 아파요."

별이는 아빠의 일을 도와주며 환하게 웃는 아이가 걱정이 되는 것 같았다.

우리나라 부모들은 아이들에게 힘든 일은 미리 차단해 버린다. 우리 아이들에게는 좋은 것만 주고 싶고 많은 것을 경험해 보게 하고 싶을 뿐이다. 우리의 부모들은 아이들에게 힘든 일은 절대 시키면 안 된다고 생각한다. 아이 스스로 무엇이든 해볼 수 있도록 지도하기보다는 엄마, 아빠가 아이들이 불편하기 전에 미리 해결해주며 아이들이 불편한 감정을 알기도 전에 차단하는 경우가 대부분이다. 그래서 우리 아이들은 참을성이 부족하고 무엇이나 자신의 뜻대로 하고 싶어하는 욕구가 충만하다.

아이들에게 어떤 경험을 시켜야 하고 어떤 경험을 하지 못하게 해야 하는지 부모들은 알지 못한다. 바간의 아이처럼 부모를 도와주어야 하고 힘든 일이지만 해야 한다고 한다면 우리 아이들은 그 사실을 잘 받아들일 수 있을까?

"왜 내가 해야 해."

"나는 어린 아이잖아."

"엄마, 아빠가 하면 되잖아."

그렇다면 아이들의 이런 반응이 누구의 잘못이겠는가? 아이들이 태어나면서부터 그렇게 반응하도록 인지된 것은 아닐 것이다. 부모들이 아이들에게 다양한 경험을 시켜주어야 한다고 생각하지만 그 다양한 경험의 잣대는 부모의 눈높이에서 정해지는 결과들이다. 오늘은 집에서 놀고 싶은 아이에게 부모는 아이의 의견보다는 "다양한 경험을 하는 것이 좋다고 하더라. 그러니 우리도 밖으로 나가 체험을 하자."라며 아이들을 데리고 밖으로 나간다. 다양한 경험이 아이들 성장에 좋은 밑거름이 되는 것은 분명한 사실이다. 하지만 아이들에게 좋은 것만 경험시키고 좋은 것만 줄 수는 없다.

또한 우리나라 가정을 들여다 보면 부모들의 '단호함'이 없다. 아이들에게 모든 것을 맞춰주려고 하기 때문에 아이들에게 끌려가는 것이 지금의 우리나라 가정이다.

EBS에서 방영한 〈프랑스 육아〉 프로그램을 보니, 부모들이 어릴 때부터 아이들에게 규칙을 지켜야 한다는 단호함을 보여주며 함께 실천해가는 모습이 인상적이었다.

우리도 가정에서 지켜야할 규칙은 분명이 존재하지만 아이가 그것을 지키지 않았을 때는 어떻게 하고 있는가?

"알았어. 오늘만 용서해줄 거야. 내일은 꼭 지켜야 해."

이런 태도는 아이에게 끌려가는 결과를 만들 뿐이다. 가정에서 지켜야할 약속을 아이와 함께 규칙을 만들고 어떻게 지킬 것이며, 지키지 않을 때는 어떻게 할 것인지를 아이와 함께 하나하나 정하며 실천을 한다면 우리 아이들 또한 바간의 아이처럼, 프랑스의 아이처럼 충분히 해낼 수 있을 것이다.

여기서 꼭 지켜야할 것은 부모님의 단호함이다. 아이가 규칙을 지키지 못하고 고집을 부린다면 부모님의 단호함이 필요하다. 아이에게 무너져 버리면 함께 정한 규칙은 아무 소용이 없는 것이다.

예를 들어 보자. 가정에서 텔레비젼 보는 시간을 규칙으로 정하였다. 어느 날 아이는 텔레비젼이 재미가 있어 정해진 시간보다 더 보게 되었다.

"이제 텔레비젼을 꺼야 할 시간이야."

"안돼. 엄마 지금 너무 재미있단 말이야. 더 볼 거야."

"엄마와 약속한 시간이 다 되었는데 그만 꺼야지."

"싫어. 나는 계속 볼 거야."

아이는 계속 텔레비전을 보며 고집을 부린다. 이때 어떻게 하는 것이 단호함일까?

"알았어. 그럼 오늘까지만 보는 거야."

이렇게 이야기 한다면 아이는 내일도 또 그 다음날도 반복적으로 약속을 지키지 않을 것이다.

"오늘 계속 텔레비전을 볼 거야? 그럼 엄마와 정한 약속을 지키지 못했으니 내일은 텔레비전을 볼 수가 없어. 그래도 괜찮니?"

이렇게 아이에게 선택권을 주는 것이다. 이때 엄마의 말투가 중요하다. 짜증을 내는 목소리, 화내는 목소리는 하지 말아야 한다. 단호함이 있는 목소리로 아이와 대화를 해야 한다.

그래도 계속 텔레비전을 볼 것이라고 하는 아이에게는 다음 날 절대 텔레비전을 보여주면 안 된다. 아이들에게 규칙을 지켜야 된다는 것을 알려줘야 하기 때문이다. 이렇게 반복적으로 하다보면 부모와 함께 정한 규칙은 지켜야 하며 아무리 고집을 부려도 소용없다는 것을 스스로 깨닫게 될 것이다.

단, 규칙을 부모들이 일방적으로 만들어 아이들에게 무조건 지키기를 강요한다면 어린 아이들은 부모에게 부당함을 이야기 하지 못하기 때문에 규칙을 지킬 필요가 없다고 생각할지도 모른다.

우리 아이들은 존중받아야 하며 하나의 인격체로 대우를 받아야 한다. 부모의 소유물이 아닌 하나의 존재이기 때문이다. 하브루타는 아이들을 존중하며 대화를 한다.

유치원에서 아이들이 복도를 뛰어 다녀도 "너 왜 뛰어다녀", "뛰어다니면 다치잖아", " 혼난다", "너 선생님 말 안 들을 거야?"라고 하지 않는다.

"복도에서 뛰면 어떻게 될까?"

아이들은 "다쳐요", "넘어지면 아파, 병원가야 해요", "위험해요"라고 대답한다.

아이들도 복도에서 뛰면 왜 안되는지 충분히 알고 있다. 3월 신학기에 선생님과 약속을 하기 때문이다.

"그럼 복도에서는 어떻게 다녀야 해?"

"걸어 다니면 어떤 것이 좋을까?"

이렇게 아이들과 하브루타로 대화하다 보면 어느 날부터 복도를 천천히 걸어다닌다.

부모들은 아이들이 어려서 잘 모르기 때문에 최선을 다해 그들이 원하는 것을 해주어야 한다고 생각한다. 그런데 아이들은 스스로 할 수 있는 것이 너무 많으며, 스스로 경험하고 싶어하는 존재들이다. 우리는 그들의 생각을 존중하고 경청해 주어야 하며 그들과 함께 대화로 소통해야 한다.

Part 2

하브루타는
어떻게 할까

포루투칼 포르토 동루이스 다리에서 만난 유럽을 6개월째 여행한다는 대학생 진아 씨.

"여행은 무엇이라고 정의할 수 있어요?"

"글쎄요. 여행은 즐거움이 아닐까요? 왜냐면 일상에서 벗어나 자유를 느끼기 때문인 것 같아요."

"저는 여행을 멈춤이라 생각을 해요. 얼음땡이라는 게임 아시죠? 여행을 시작하면 나의 시계는 멈추어 온전한 나만의 시간을 가지는 것 같아요"

"그 말씀도 맞는 것 같아요"

우리는 여행에 대한 많은 이야기를 나누며 몇 시간 동안 즐거운 시간을 이어갔다.

혼자 떠나는 여행은 나만의 온전한 시간을 가질 수 있어 좋아하지만 가끔은 친구가 있어 여행 이야기를 하고 싶다는 생각을 할 때가 있다. 그럴 때는 다른 여행자들과 이야기를 나눈다. 여행지에서 만나는 사람들은 공통점이 있다. 여행을 사랑하는 사람들이기 때문에 여행 이야기를 하면 동공이 커지며 온몸으로 이야기한다. 나 또한 여행지에서 만난 여행자들과 이야기가 즐겁고 신난다. 여행에서 대화는 중요한 역할을 한다.

그렇다면 대화의 중요성을 느꼈다면 대화를 어떻게 할 것인가도 중요하다. 보고 느끼는 모든 것들을 마냥 이야기하는 것보다 함께 느끼고 공감을 하려면 경청을 잘해야 하며 질문을 해야 한다.

여행지에서 보고 느낀 모든 것들을 하브루타로 대화를 한다면 우리들은 경이로운 경험을 할 수 있을 것이다.

1

하브루타는 어떻게 할까

"원장 선생님, 오늘 아이들과 물을 주제로 하브루타를 했는데 아이들 질문과 대화 내용이 너무 재미 있어서 수업시간이 즐거워요. 매일 기다려져요."

6세반 선생님이 사무실에 앉으며 하는 말이다.

"아이들이 어떻게 하브루타를 했나요?"

먼저 아이들은 물에 대해 교사와 충분한 이야기 나누었다.

"선생님 질문이 있어요. 물은 모양이 없지요."

"물이 모양이 있을까? 기철이는 어떻게 생각해?"

"모양이 없어요." / "아냐. 물도 모양이 있어."

서윤이가 기철이의 말을 듣고 물도 모양이 있다고 한다.

"어떻게 모양이 있어? 물은 그냥 흐르잖아."

"물을 컵에 담으면 모양이 생기잖아."

"어떻게 그게 물 모양이야. 물은 흘러가기 때문에 모양이 없는 거야."

서윤이는 갑자기 벌떡 일어나 컵을 가지고 온다.

"여기에 물을 담아 볼게."

큰 컵에 물을 가득 담아 들고 기철이에게 보여준다.

"자, 물은 둥근 모양이잖아."

서윤이가 보여주는 컵을 가만히 바라보며 "정말 둥근 모양이네."

기철이는 물도 모양이 생긴다는 것을 알게 되었다.

"선생님, 그러면 네모에다 담으면 물이 네모가 되는 거예요?"

"선생님 생각에는 네모가 될 것 같은데, 기철이는 어떻게 생각해?"

"저도 네모가 될 것 같아요."

기철이는 서윤이가 보여준 컵 속 물이 신기한지 계속 보고 있다.

"선생님이 네모난 통을 가져 왔는데 기철이가 물을 담아 볼까."

기철이는 네모 통을 들고 물을 담아 보았다.

"와, 진짜 네모난 물이 생겼어요."

다른 아이들도 신기해 하며 기철이 주변으로 몰려든다.

"서윤아, 너는 어떻게 알았어?"

"나도 집에서 엄마와 이야기하다 발견했어. 물은 요술쟁이 같아."

서윤이의 말처럼 아이들에게 물은 요술쟁이인지 모르겠다. 아이들이 직접 경험하고 대화를 나누고 토론하며 발견한 물의 모양은 아이들 말처럼 요술쟁이 물이 되었다.

가정에서 아이들을 어떻게 양육하는지 생각해 보아야 한다. 우리나라 부모들은 아이들이 스스로 생각하고 결정하는 것을 믿지 못하고 부모가 지시하고 결정하는 경우가 대부분이다. 부모들의 결정은 아이들의 행동에서부터 공부에까지 포괄적으로 포함되어 있다. 유대인 부모들은 아이들이 스스로 생각하고 경험하여 호기심을 충족할 수 있도록 옆에서 지켜본다.

가정에서는 하브루타를 어떻게 실천할 수 있을까?

1. 책은 소리 내어 읽는다

하브루타는 뇌를 격동시켜야 한다. 그러기 위해서는 아이들의 호기심을 자극할 수 있도록 소리 내어 읽는 게 효과적이다. 유대인들은 탈무드를 배울 때 일단 소리 내어 읽는다. 소리 내어 읽다 보면 자연히 듣게 되고 질문이 생긴다.

2. 되질문을 한다.

아이들이 질문을 하면 바로 해답을 이야기 해주기보다는 천천히 되질문을 한다. 되질문할 때는 "너의 생각은 어때?", "너는 어떻게 생각해?"라고 묻고 아이의 생각을 듣는다.

3. 매일 경청하며 대화한다.

가정에서 부모는 아이들과 하루에 10분이라도 집중해서 대화를 해야 한다. 매일 대화시간이 반복되다 보면 아이들은 경청을 하게 되고 경청하는 습관을 가지게 된다. 특히 아이와 대화를 할 때 부모의 태도가 중요하다. 우리는 흔히 아이가 질문할 때 아이의 눈을 보지 않고 대충 대답하는 경우가 많은데, 아이들에게 경청의 태도가 잘 형성되지 않은 원인 중 하나로 볼 수 있다.

아이들이 무엇을 좋아하는지 부모들은 너무나 잘 알고 있다. 그런데 아이가 좋아하는 것에는 얼마나 관심 가지고 있을까? 아이가 좋아하는 것에 관심을 갖는 방법은 아이에게 질문하고 대화를 하는 것이다. 아이가 관심 있는 것에 대한 부모의 질문은 아이에게 생각하는 힘을 길러 주게 된다. 아이들이 게임이나 텔레비전을 볼 때 전두엽의 상태는 미세하게 움직이지만 생각할 힘을 길러주는 질문을 받거나 책을 읽을 때는 전두엽이 활발하게 움직인다. 아이가 생각할 줄 안다는 것은 상상력과 비판적 사고를 한다는 것과 같은 의미이다.

2

질문하고 대화하고 토론하다

매년 신학기가 시작되기 전에 교사들의 단합을 위해 일 년에 한 번 오리엔테이션을 진행한다. 교사들과 잘 소통하기 위함이다. 먼저 2017년 이전까지의 교사 오리엔테이션은 원장 혼자 말하고 혼자 결정하는 지시적 회의였음을 반성한다. 그 후부터는 회의 자체를 하브루타 형식으로 하고 있다. 회의 자료는 제목만 큰 글씨로 적혀 있을 뿐 그 다음은 교사가 만들어 가는 공간이다. 회의하기 위해 모두 모인 교사들에게 회의자료를 내어주니 어리둥절한 표정이다.

"이제 회의를 시작할게요. 먼저 제일 위에 있는 제목부터 함께 읽어 볼까요?"

〈우리는 누구인가〉

나를 알아야 나는 어떤 교사인지, 아이들에게 어떤 교사가 될 수 있을지, 먼저 나를 찾아가는 시간을 가져보았다. 한 장의 백지를 교사들에게 나누어 주며 내가 누구인지 그림으로 표현하게 했다.

완성된 그림을 보며 본인 소개를 하고, 궁금한 것을 질문하는 시간도 가졌다. 자신에 대해 생각하고 그림으로 표현하고 발표하고 질문 받으며 내가 어떤 사람인지 스스로 알아가는 충분한 시간이 되었다. 모두 놀라워했다. 알고 있는 나보다 모르는 내가 더 많았기 때문이었다. 다음 질문을 주었다.

〈나는 어떤 교사가 되고 싶은가〉

앞으로 어떤 교사가 될 것인지는 아주 중요한 문제이다. 교사들은 자신들의 생각을 적고 발표해 보기로 하였다. 모두 훌륭한 교사상을 이야기 해주었다. 그중 우리는 한 가지를 선택해 토론했는데, 아이와 함께 많이 놀아주는 교사가 되고 싶다는 의견이었다. 교사들은 질문에 대한 자신의 생각을 이야기하기 시작하였다.

"아이와 어떻게 놀아주는 것이 좋은 교사일까요?"

"우리의 하루일과를 잘 생각해봐요. 우리는 계획안에 따라 수업을 진행하기 바빠요. 그러다 보니 아이들이 놀이를 하는 시간에도 눈만 아이들을 따라가고 있지, 진정 아이들과 함께 놀이하는 시간이 없는 것 같아요."

"맞아요. 아이들은 놀이를 통해 배운다는데, 현장은 다른 것 같아 혼란스러웠어요."

"그럼 어떻게 하면 좋을까요?"

"많은 시간을 놀아주는 것보다는 아이들 눈높이에 맞추어 적은 시간이라도 최선을 다해 놀아주는 것이 좋은 것 아닐까요?"

교사들은 자신의 생각을 말하기 시작했으며 그동안 어떻게 아이들과 생활하였는지 이야기하며 좋은 교사가 되기 위해 노력하는 모습이었다.

토론을 마치고 교사들에게 질문을 했다.

"오늘 회의 어땠나요?"

"뜻깊은 회의였어요. 원장선생님이 이야기 하시고 저희는 듣기만 할 때는 큰 의미가 없었는데 지금은 저희들 스스로 생각하고 결론까지 내리니 즐겁고, 앞으로 어떤 교사가 되어야 할지 알 것 같아요."

"유치원 생활을 어떻게 하고 아이들과 학부모님들께 어떻게 해야하는지 스스로 느낄 수 있는 시간이 되었어요."

한결같이 스스로 생각하고 결론을 이야기 하니 실천하기에도 좋았다고 한다. 교사들과 질문하고 대화하고 토론하는 시간을 가지니 한결 뜻깊은 결론을 도출할 수 있었다.

"선생님들은 지금 하브루타를 하신 거예요."

모두 놀라워하며 하브루타에 더욱 관심을 갖게 되었다.

유대인들에게는 매일 밤마다 침대에서 책을 읽어주는 베드 타임 스토리bed time story가 있다. 아이들이 잠들기 전 부모와 이야기를 하거나 책을 읽어주는 시간을 말한다.

베드 타임 스토리에 대해 이스라엘 랍비인 사무엘에게 물었을 때 그는 이렇게 말했다.

"우리는 세 살 정도부터 본격적으로 아이에게 성서를 가르치기 시작한다. 아주 어릴 때부터 성서이야기를 들려주는 것이다. 아이가 잠들기 전에 성서 이야기를 들려주는 것은 아주 오래된 전통이다. 이미 탈무드 시대부터 시작됐다. 유대인은 아이가 말하기 시작할 때부터 쉐마를 따라하게 한 다음에 재운다. 아이가 침대에 누우면 먼저 동화를 들려주고 대화를 나눈 다음 쉐마를 외우게 한다.

- 《부모라면 유대인처럼 하브루타로 교육하라》

잠들기 전 부모와 아이들의 대화는 짧은 시간이라도 큰 영향을 미칠 수 있다. 다양한 종류의 대화를 나누며 좀 더 친밀한 관계를 형성할 수 있는 시간이기 때문이다. 또한 아이들에게 잠드는 좋은 습관을 길러줄 수 있다는 장점이 있다. 부모는 다양한 이야기를 들려주고 아이들과 질문하며 대화를 나눌 수 있다. 동화책을 끝까지 읽어주지 않아도 괜찮다. 아이가 궁금한 것을 물으면 질문을 통해 이야기를 만들어 나가면 된다. 아이들은 정해진 시간이 되면 잠을 잘 것이며, 자는 동안 많은 것을 상상할 것이다. 상상력은 창의력을 성장시키는 좋은 매개체이다.

우리는 어떠한가? 우리는 아이를 재우기 위해 동화책을 읽어준다. 아이가 많은 책을 원하면 그 책들을 다 읽어주고 어떤 아이는 반복적으로 읽어주기를 원해 같은 동화책을 반복적으로 읽어준다. 아이가 잠이 들 때까지 계속 읽어 주기만 하는 것이 우리나라의 베드 타임 스토리이다.

동화책을 읽고 질문하고 대화하고 토론을 해보자. 아이들이 상상하고 생각을 할 수 있도록 부모들은 이야기친구가 되어주어야 한다. 처음에는 아이들이 부모의 질문을 이해하지 못할 수도 있으며 재미 없어 하겠지만 반복해서 질문하고 대화를 하다보면 아이들도 익숙해지며 이야기를 이어갈 것이다. 매일 정해진 시간에 부모가 실천한다면 정해진 시간에 잠을 잘 수 있는 습관을 기를 수 있다.

퇴근 후 집으로 돌아오면 해야 할 일들이 많아 보통은 머릿속에 집에서 해야할 일들을 미리 정하고 퇴근한다. 가정에서 계획한 일들이 되지 않으면 짜증도 나고 화도 난다. 그러니 미리 계획을 할 필요는 없다. 아이의 잠자는 시간만 계획을 잡고 꼭 실천하는 것이 중요하다.

아이들과 질문하고 대화를 하는 것이 반복되고 습관이 되다보면 아이들은 어려운 일이 생겨도, 즐거운 일이 생겨도 부모를 찾는다. 부모와 함께 대화를 계속해 왔기 때문이다.

우리나라에서 가장 무섭다는 중2 사춘기도 마찬가지일 것이다. 그 시기는 부모보다 친구를 더 가까이 할 때인데, 평소 부모와의 대화에 습관이 되어 있는 아이라면 사춘기도 걱정 없이 지나갈 것이다.

"나는 우리집 아이와 대화를 잘하고 있어요."라고 하는 사람의 이야기를 자세히 들어보자. 어쩌면 대화를 하는 것이 아니라 잔소리를 하고 있을지도 모른다.

"엄마, 오늘 친구들과 영화보러 갈 거예요. 용돈 주세요."
중학생 아들이 집으로 들어오며 말한다.
"학원은 어떻게 하고 영화를 보러 가는 거야?"
"시험도 끝났는데 영화보러 갈게요. 오늘만 학원 안 가면 안 돼요?"

"안돼. 빨리 학원 가."

아이는 엄마의 딱딱한 말투에 마음이 상하고, 친구와 약속을 지킬 수 없어 많이 속상할 것이다. 이럴 때는 어떻게 하는 것이 좋을까?

우리는 아이의 마음을 읽기도 전에 엄마의 생각을 이야기하는 것이 습관처럼 되어 있다. 아이들도 엄마의 입장에서 생각하는 것보다 본인이 하고 싶은 것만 생각하다 보니 이처럼 이야기하는 것이다. 평소 아이와 질문하고 대화하는 습관이 되어 있다면 자신의 감정을 전달하고 서로 의견을 나누며 문제를 해결해 나갔을 것이다. 질문하고 대화하고 토론하고 논쟁하는 것도 반복적으로 이루어져야 한다. 갑자기 생각났다고, 배웠다고 실천 되어지는 것은 아니다.

어릴 때부터 부모와 질문하고 대화하는 습관이 길러진다면 우리 아이들은 자신의 감정을 잘 전달하며 타인의 생각을 경청할 수 있는 아이로 성장할 것이다.

3
가정에서 하브루타의 한계

　혼자 여행을 하는 이유는 온전히 내가 하고 싶은 여행을 할 수 있기 때문이다. 세상을 돌아다니다 보면 가족에게 미안한 마음도 들지만 결국 인생은 혼자서 가는 것이고, 각자의 삶에 충실해야 한다고 생각한다. 많은 사람들은 심심할 텐데, 무서울 텐데,라며 걱정을 한다. 왜 그렇게까지 걱정을 하는지는 모르겠지만 챙겨주니 감사한 일이다. 여행을 떠나기 전 여행지에 대한 공부를 하고 나만의 가이드북을 만든다. 아는 만큼 보이는 법이다.

　"여행 다녀올게요."
　"혼자?"
　"네, 조심히 다녀올게요."
　남편은 조심히 다녀오겠다는 말에 침묵을 지키며 아무런 대답을 하지 않는다. 대답이 없음은 찬성한다는 뜻이라 애써 받아들이고 여행을 떠난다.

남편은 왜 대답을 하지 않는 것일까? 가지 말라고 해도 결국은 갈 사람이니 못마땅하지만 가지 말라고 말 하지 못하는 듯하다. 대화는 생각으로 하는 것이 아닌데 우리 부부는 각자의 머리로 하고 있다. 왜 이렇게 대화를 하지 못하는 어린아이처럼 되었을까? 분명 많은 이야기를 하며 오랫동안 함께 살아온 부부인데 대화를 즐기지도 사용하지도 못하는 아기와도 같은 존재들인 것이다.

나는 학교를 다녀오면 낮에 일어난 이야기를 재잘재잘 이야기하는 아들이 둘 있다. 아들은 학교를 다녀오면 "엄마, 오늘 학교에 예쁜 여자선생님이 오셨는데 진짜 예뻐요."

"그래? 좋겠네."

"아이들은 벌써 예쁜 선생님 보려고 교무실에 찾아가기도 해요"

"너는 어때? 너도 교무실에 찾아가니?"

"아뇨."

아들 얼굴이 홍당무가 되었다.

"예쁜 사람을 보면 기분이 어때?"

"가슴이 뛰어요. 예쁘니 보기에도 좋아요."

아들은 신명나게 이야기를 이어갔다. 아들과 대화를 하는 것은 재미있고 즐겁다. 아들도 엄마와 이야기 하는 것을 좋아한다.

남편과의 대화와 아들과의 대화의 차이점은 무엇인가?

남편은 감정을 나타내지 않는다. 아내가 혼자 여행을 떠나는 것에 대한 감정을 이야기 하면 좋을 텐데, 얼굴 가득 싫은 표정이다.

대화란 무엇인가? 네이버 사전에는 '대화는 마주 대하여 이야기를 주고받음'이라고 적혀 있다. 대화는 먼저 상대의 눈을 마주보며 해야 한다. 그런데 남편과의 대화조차도 마주보는 것에 익숙하지 않으니 대화 자체가 힘든지도 모르겠다.

가정에서 아이들과는 어떻게 대화를 하고 있는지 생각해 보자. 부모는 바쁘고 아이들은 부모와 대화하기를 원한다. 이것은 관심을 가져 달라는 뜻이기도 하다. 아이가 엄마를 부르며 유치원에서 있던 이야기를 하려고 할 때 우리는 어떤 태도로 아이를 대하고 있을까.

"엄마, 오늘 유치원에서 친구가 놀렸어요."

엄마는 주방에서 음식을 하며 대답을 한다.

"뭐라고 했는데?"

"바보라고 했어요."

"선생님한테 전화할게."

아이는 관심을 가져달라고 투정 부리는 것인데 엄마는 아이의 마음을 몰라준다. 아이는 자신의 마음을 몰라주는 엄마가 밉기도 하지만 계속 이야기를 하고 싶어한다.

가정에서 하브루타를 실천하다 보면 분명 한계가 드러날 것이다. 어떤 한계성이 있는지 살펴보자.

첫 번째는, 부모와 아이들의 대화에서 보여지는 태도이다. 대화를 할 때는 대부분 상대의 눈을 보며 대화한다. 하브루타도 마찬가지이다. 눈은 마음의 창이라고 한다. 상대의 눈을 마주 보고 대화를 하는 것은 소통의 과정이다. 부모는 아이의 눈을 바라보며 대화를 해야 한다. 부모들의 게으름과 바쁘다는 이유로 아이들을 소홀히 대한다면 올바른 대화를 할 수 없다. 부모도 잘 알고 있을 것이다. 그러나 바쁜 일상 속에서 집으로 돌아와 집안일이 겹쳐지면 부모 또한 힘들어 아이의 눈을 마주보며 경청하는 하브루타가 힘들 수밖에 없다. 그래서 부모들의 마음가짐이 더욱 중요하다.

두 번째 원인은 부모의 조급한 마음이다. 하브루타를 시작하면 바로 질문을 하고 토론을 할 수 있다고 생각하는 조급함이다. 익숙함은 오랜 시간이 소요되며 지속적인 반복이 필요하다. 이야기를 잘 하지 않는 아이에게 그림책을 보여주고 질문을 만들어 보자고 한다면 아이는 금방 질문을 만들 수 있을까?

무조건적 질문이 우선이 아니다. 아이의 호기심을 유발하여 책 표지를 탐색하고 개념찾기를 하며 먼저 그림책 자체에 관심을 갖도록 하는 게 좋다.

"오늘은 엄마와 그림책 표지만 보고 이야기 해볼까?"

유대인들은 하브루타는 공기처럼 스며들어야 한다고 말한다. 천천히 하나씩 아이와 하브루타를 반복하다 보면 곧 익숙해질 것이다. 그림책을 보며 질문하고 상상하고 대답을 하는 아이는 상상력이 뛰어나고 자신의 생각을 누구에게나 이야기할 수 있는 아이가 될 것이다.

세 번째 원인은 부모가 하브루타를 어렵게 생각한다는 것이다. 부모들은 한결같이 하브루타가 어렵다고 말한다. 왜 어려울까? 우리가 삶 속에서 얼마나 질문을 하며 살고 있는지 생각해 보면 알 수 있다. 우리는 모두 질문하기를 어려워한다. 나 또한 질문할 말도, 용기도 나지 않아 입을 다물고 있을 때가 자주 있다. 이는 어릴 때부터 질문하는 습관을 가지지 못했기 때문이다. 알고 싶은 것이 있을 때 질문하고 스스로 생각하고 질문하는 습관이 우리에게는 없는 것이다.

선생님과 부모들 대부분은 아이들이 스스로 결정하고 생각하는 것을 용납하지 않는다. 어른들이 생각하고 결정하는 대신 아이들에게 지시하고 가르치려고 하는 것이 우리들의 현실이다. 그래서 아이들은 질문을 잘못하면 창피할까 두려운 마음을 먼저 가지게 된다. 그래서 스스로 생각할 수 있는 힘을 길러 질문하는 습관을 가져야 하는 것이다. 남들과 다르게 생각하는 비판적 사고와 상상력을 가지며 스스로 생각할 수 있는 힘을 길러야 한다. 그러기 위해서 질문하고 대화하고 토론하고 논쟁하는 하브루타 교육이 꼭 필요한 것이다.

4
제대로 대화를 하고 있나

아이와 대화를 하는 것은 어려운 일이다. 대화를 하며 소통이 되는 사이가 된다면 사춘기도 건강한 정신으로 이겨낼 것이다. 어떻게 하면 아이와 진정한 대화를 할 수 있을까?

우리 아이가 무슨 색을 좋아하는지, 친구는 누구인지, 학교생활은 어떻게 하고 있는지 알고 있는 부모가 얼마나 될까?

부모는 아이에 대한 충분한 정보가 없다. 아이에 대해 잘 알고 있다고 생각하지만 모르는 것이 더 많을 것이다. 그래서 아이에게 더 많은 질문을 해야 한다. 아이가 쓸데없는 이야기를 한다고 무조건 아이의 말을 무시하거나 부모의 생각으로만 판단한다면 아이는 부모와 대화를 하지 않으려고 할 것이다. 아이가 하는 말에 다르게 생각할 수 있도록 질문을 하며 아이 생각을 존중해주는 것이 필요하다.

"너는 왜 이상한 말만 하니?"

짜증내는 부모의 목소리에 아이는 자존감이 낮아지고 아이의 생각을 무조건 무시하는 부모의 태도에 아이의 자존감이 무너져버리는 것이다.

아이가 하는 이야기를 부모가 이해를 하지 못할 때도 있다.

"도대체 무슨말을 하는 거니, 알아 들을 수가 없잖아. 똑바로 말해봐."

이와 같은 부모의 질책에 아이는 대화하고 싶은 마음이 사라진다.

아이의 말이 이해가 되지 않을 때는

"엄마가 지금 무슨 말인지 잘 모르겠는데, 다시 한번 이야기해줄래?"

아이에게 어떤 내용인지 다시 질문하고 아이가 스스로 이야기를 할 수 있도록 기다려 주어야 한다.

얼마 전 신문에서 읽은 이야기다. 중학교 2학년 아이가 왕따에 대한 심적 부담을 견딜 수 없어 자살을 하였다. 아이가 죽기 전 아빠에게 말했다.

"아빠, 제 손톱 깍아주세요."

"다 큰 녀석이 아빠에게 손톱을 깍아 달라고 하니. 니가 깍아야지."

아빠는 아이에게 핀잔을 주며 더 이상 말을 들어주지 않았다. 아이는 손톱을 깍지 못해 부모에게 깍아달라고 했을까. 아이는 손톱을 깍으면서 아빠와 대화를 할 수 있기를 기대했을 것이다.

"아빠, 나 힘들어요. 친구들이 왕따를 시켜요. 어떻게 하죠?"

이렇게 이야기를 하고 싶었을 것이다. 만약 아빠가 손톱을 깍아 주었다면 그 아이는 극단적 선택을 하지 않았을지도 모른다.

우리는 아이와 하루에 얼마나 대화를 하고 있는지 생각해 보자. 대화는 일방적인 지시가 아닌 아이에게 선택할 권리를 주고 스스로 선택을 할 수 있도록 기다려 주어야 한다. 아이에게 기다림은 중요하다. 유치원에서도 아이에게 어떻게 할 것인지 선택하게 하며 선택할 때까지 기다려준다. 아이는 부모가 선택할 시간을 주며 기다려 준다면 부모와 대화하기를 좋아할 것이다.

유치원 마당에서 두 아이가 싸우고 있었다.
"왜 그래?"
"선생님, 경민이가 때렸어요."
"아니에요. 지나가다 부딪친 거예요."
"아니에요."
두 아이는 서로 잘못하지 않았다고 소리를 지르며 싸우고 있었다.
"서로 아니라고 하니 원장선생님은 잘 모르겠는데, 서로 다시 생각해보고 이야기해줄래. 원장선생님은 여기서 기다려줄게."
두 아이는 화가 난 얼굴로 서로 노려보고 있었다. 그런데 조금 더 시간이 흐른 뒤에는 서로 웃고 있었다.
"이제 이야기 해줄래?"
"맞아요. 지나다가 부딪쳤어요."
둘 다 그렇게 이야기 하고는 뛰어갔다.

아이들은 자기중심적 관점을 가지고 있기 때문에 지나다 스친 것도 때렸다고 이야기하기도 한다. 만약 싸움의 원인에 대해 이야기를 들어주지 않고 한 아이의 이야기만 듣고 질책을 했다면 아이들 마음은 억울하고,

자신의 이야기를 들어주지 않는 선생님이 원망스러웠을 것이다. 아이 말을 경청하며 기다려 주는 것이 제대로 된 대화이다.

엄마가 아이로 인해 힘든 상황일 때 대화가 아니라면 어떻게 엄마에게 상황을 설명할 수 있을까? 남편이 회사에서 힘든 상황을 아내에게 이야기하고 싶은데 대화할 수 없다면 어떻게 이해시킬 수 있을까?

특히 하브루타에서 대화와 질문은 전부이다. 질문을 통해 대화하고, 질문을 통해 자신을 바라볼 수 있으며, 대화로 소통하기 때문이다. 단, 무조건적 대화는 상대를 이해를 할 수도 소통할 수도 없다.

상대에게 질문하며 토론하는 과정들은 삶속에서 중요한 부분이다. 질문을 통하여 전두엽이 힘차게 움직이기 시작하며 다양한 생각을 하게 된다. 대화와 질문은 우리의 삶에 있어 전부라고도 할 수 있는 것이다.

5
아이와의 소통

아이들이 태어나면서부터 어떤 생각을 하는지 우리는 전혀 알지 못한다. 다만 상상할 뿐이다. 태어난 아이들은 온몸으로 표현하며, 울음으로도 소통한다. 그 소통은 애착이라고도 표현할 수 있다. 아이들은 울음으로, 온몸으로 소통을 하려고 하지만 부모들은 외면하거나 아이의 마음을 알아채지 못한다.

애착은 부모로부터 사랑과 돌봄을 받는 것이다. 아이들에게 부모의 사랑과 돌봄을 채워주지 못한다면 아이들은 심리적으로 스트레스를 받으며 무의식에 부모에 대한 불신과 분노를 쌓는다. 이것이 아이와의 불통의 시작이다.

부모들은 아이와 소통을 하는 것을 어려워한다. 아이와 소통을 어떻게 하느냐보다 먼저 아이를 이해하는 것이 중요하다. 아이와 소통을 하려면 먼저 아이의 말에 경청을 잘 해야 한다. 어떻게 하는 것이 경청을 잘 하는 것일까? 부모는 아이의 말을 잘 들기도 해야 하며 반응을 보여 주어야 한다. 그 반응은 '엄마가 지금 너의 말을 잘 듣고 있어'와 같은 맥락의 리액션이다. 아이들뿐만이 아니다 성인도 친구와 대화를 하면서 멍하니 듣고만 있을 때가 있다. 입장 바꿔 생각했을 때 이야기할 맛이 나겠는가.

EBS에서 방영한 〈가족쇼크〉 중 프랑스 육아를 보고 감동을 받았다. 우리나라 아이들과 다른 모습을 보며 어릴 때 교육이 얼마나 중요한지 다시 한번 느낄 수 있었다. 6살 남자 아이 일란의 아침 모습을 보며 나 또한 놀라지 않을 수 없었다. 일란의 엄마는 젖병에 영양제를 넣어 일란에게 주었다. 6살 아이가 젖병을 빨고 있는 것이다.

"6살 아이에게 젖병을 주시나요?"

"일란의 취향을 존중해 젖병에 먹고 싶어 하기에 주었습니다."

일란은 유치원 등원을 하기 위해 간단히 아침을 먹고 모든 준비를 엄마의 도움 없이 스스로 하고 있었다. 한 가지 긴 머리를 혼자 만질 수 없어 엄마의 도움을 받고 있었다.

"일란아, 너의 머리가 왜 이렇게 길지?"

"발끝까지 닿도록 길러보고 싶어서요. 그때 자르려고 해요."

"가끔 사람들이 여자아이 같다고 하지? 그건 어때?"

"그럼 남자라고 말해주죠."

일란의 엄마는 매순간 일란의 의견을 존중해주려고 노력한다고 한다. 일란의 자존감은 무척이나 높아 보였다. 또한 일란의 엄마는 아이가 스스로 할 수 있는 것들을 제공해 주기 위해 노력한다고 하였다. 그러기 위하여 일란과 엄마는 수많은 대화를 나누며 소통을 하였을 것이다. 아이의 취향을 알아주고 존중해 주며, 아이가 자신의 취향을 존중받고 있다는 느낌을 가지고 있었다.

우리나라 가정의 모습은 어떤가. 같은 나이의 여자아이는 유치원을 가기 위해 깨우는 과정부터 밥을 먹이기 과정까지 모든 것을 부모가 해주고 있었다. 아이는 일어나 밥을 먹자는 엄마의 말을 무시하고 장난감 놀이를 하고 엄마는 숟가락을 들어 먹여주었다. 옷을 입혀야 하는데 아이는 놀이만 집중하며 안입겠다고 투정을 부린다.

프랑스 아이와 한국의 아이는 어떤 차이가 있는 것일까?

프랑스 엄마는 아이에게 규칙을 정하여 선택하도록 하는데, 한국의 엄마는 아이에게 정해진 규칙도 없이 아이에게 끌려가는 모습이다. 아이와 소통을 한다는 것은 아이의 모든 것을 부모가 허용하고 들어주어야 하는 것이 아니다. 정확한 규칙이 가정에 존재해야 하며 그 규칙 안에서 대화를 나누어 소통해야 하는 것이다.

우리는 보통 아이가 잘못했을 때 화를 내는 부모도 있지만, 오히려 아이의 감정이 다칠까봐 화를 내지 못하는 부모들도 있다. 하지만 부모가 화가 났을 때 부모의 감정이 어떤지 아이에게 이야기해 주어야 한다. 아이들은 부모의 화난 감정을 잘 알지 못하기 때문에 아이에게 충분한 설명이 필요하며 그 설명하는 행위는 아이와 소통하는 하나의 매개체가 되는 것이다.

다시 돌아가 일란의 긴 머리를 예를 들어보자.

남자 아이가 여자 아이처럼 긴 머리를 하고 싶다고 한다면 대부분의 부모는 어떻게 반응할까? 아마도 남자아이가 머리를 기른다는 것도 싫지만 매일 아침 아이의 머리를 만져주는 것도 귀찮을 것이다.

"안돼. 남자가 무슨 머리를 기르니. 엄마도 귀찮아."

그러면 아이의 마음은 어떨까? 아이는 긴 머리를 기르고 싶어하는 이유도 물어보지 않고 무조건 안 된다고만 하는 엄마에 대한 믿음이 사라질지도 모른다. 이런 태도는 부모는 아이가 자신의 뜻대로 움직이기를 바라며 아이의 뜻을 전혀 배려하지 않는 것이다. 이런 부모와 아이가 어떻게 소통이 가능하겠는가.

아이와의 소통은 아이를 온전히 이해하고 존중해줄 때 시작된다. 아이의 감정에 공감해주는 것은 소통을 하기 위한 것이다. 부모가 아이에게 보여주는 공감은 아이의 자존감을 높여주는 요소이다. 나는 아이들에게 어떤 부모일까. 너무 권위적인지, 허용적인 부모인지, 방임적인 부모인지 생각해보아야 한다.

소통은 우리들의 삶 속에서 무척 중요하다. 상대와 소통이 되기 위해서는 나 먼저 상대를 받아들이는 연습을 하며 상대의 이야기를 경청하는 습관을 가져야 한다.

먼저 경청하는 연습을 해보자. 반복적 연습이 필요하다. 아이가 어떤 생각을 하는지, 왜 저렇게 이야기하는지 생각하면서 경청하는 것이 중요하다.

6

교육인가 소통인가

아이들은 놀이할 때 가장 행복감을 느낀다. 유치원 마당은 아이들 세상이며 친구들과 놀이를 계획하고 뛰어다닌다. 남자아이들은 땅을 파고 곤충들을 잡는다,

"뭐하니?"

땅을 파는 아이에게 물어보았다.

'여기 개미집이 있어요. 개미를 잡고 싶어요."

아이는 신나는 표정으로 이야기를 한다.

"개미를 잡아 뭘 할 거야?"

아이는 어떤 목적이 있는 것이 아니었다.

"개미집을 찾으면 여왕개미를 잡을 거예요."

"여왕개미가 같이 살고 있어?"

"네, 여왕개미는 다른 개미보다 크고 알도 많이 낳아요."

"그래? 선생님도 여왕개미가 보고싶은데."

아이는 더 신이 났다. 빨리 잡고 싶은 마음에 열심히 땅을 판다.

"선생님, 여왕개미는 안 보여요. 깊은 곳에 살고 있나봐요."

아이는 울상이 되었다.

"민규야, 여왕개미에 대해 원장선생님에게 알려줄 수 있어?"

"여왕개미는 알을 많이 낳고 일은 다른 개미들이 한대요."

"그래? 그럼 여왕개미는 알만 낳는 거야?"

"네, 여왕개미는 알만 낳다 죽는대요."

"우리 민규는 개미를 좋아하는구나."

"저는 어른이 되면 곤충박사가 될 거예요."

유아시절 아이들의 꿈 중에서 가장 많이 꾸는 꿈은 곤충박사일 것이다. 특히 남자아이들은 곤충에 대해 궁금해하며 곤충을 관찰하고 키우기를 즐겨한다. 민규는 매일 마당에서 곤충을 잡고 관찰하는 아이다.

민규가 곤충을 좋아한다고 해서 지식을 주입하려고 한다면 민규는 스스로 알고자 하는 마음이 사라질 것이며 흥미 또한 점점 줄어들 것이다. 민규에서 질문과 대화를 통해 즐거운 배움을 주는 것이 하브루타 교육이다.

공룡을 좋아하는 지후는 엄마를 따라 마트에 갔다. 마트에 가면 공룡을 사고 싶은 지후 마음을 엄마는 모르는 채 이것저것 장을 본다.

지후는 빨리 공룡이 보고 싶었다.

"엄마, 우리 공룡 구경 가요."

"그래, 우리 지후 좋아하는 공룡 만나러 갈까?"

"엄마, 저기 공룡이 있어요." 지후는 신이 났다.

공룡을 보며 신이난 지후는 공룡을 사달라고 조르기 시작했다.

"지후, 오늘은 엄마와 시장만 보기로 한 날이야. 공룡은 안돼."

단호한 엄마의 말투에 지후는 더 이상 이야기할 수 없었다. 엄마는 지후를 데리고 서점으로 향한다. 공룡 그림을 보고 좋아하는 지후는 엄마에게 어떤 공룡이 멋지냐고 물었다. 엄마는 지후가 궁금해 하는 것들에 대하여 설명을 하려고 노력하였다. 지후는 엄마에게 어떤 공룡이 멋지냐고 물었을 뿐인데, 엄마는 지후에게 교육을 시키려고 하였다. 지후는 이런 엄마와 소통이 된다고 생각했을까? 유대인 부모라면 어떻게 했을까?

"엄마 생각에는 스테고사우르스가 멋져 보이는데, 지후는 어떤 공룡이 멋지다고 생각해?"

"브라키오사우르스가 가장 멋져요."

"아…, 시후는 브라키오사우르스가 멋지구나. 왜 멋지다고 생각하는 거야?"

"브루키오사우르스는 공룡 중에서 몸이 가장 커요. 목이 길어 나무꼭대기에 있는 잎도 잘 따먹어요. 또 다른 공룡을 먹지 않는 초식공룡이거든요."

"초식공룡이 뭐야?"

"다른 동물을 먹지 않아요. 풀이나 잎사귀만 먹는 공룡이에요. 박치잘하는 파키케팔로사우르스도 있어요. 그 공룡은 귀여워요."

아이에게 몇 가지 질문을 하였을 뿐인데 아이는 알고 있는 공룡에 대한 지식과 좋아하는 공룡의 특징까지 자세히 설명해준다. 이날 지후의 마트 나들이는 엄마와 소통이 되는 아주 즐거운 시간이었다고 한다.

　하브루타는 지식을 주입하는 것이 아니라 소통하는 것이다. 질문을 통해 아이는 다양한 각도에서 생각하고 자발적으로 책을 통해 습득한 지식으로 소통할 수 있다. 여왕개미에 관해 아이에게 내가 알고 있는 지식을 이야기 하며 답을 가르쳐 주려고 했다면 아이는 선생님과의 대화를 즐거워 하지 않았을 것이다.

　아이들과 대화를 할 때 부모들은 가르치려고 한다. 아이에게 작은 지식이라도 주입하기 위하여 대화가 아닌 교육을 시키려고 하는 것이다.

　아이들은 이런 부모와의 대화를 좋아할까? 그렇지는 않을 것이다. 오히려 잔소리로 치부하는 성향이 높다. 부모는 우리 아이가 하나라도 더 알기를 바라는 마음을 어찌모르겠는가. 하지만 아이와이 대화를 교육이 아닌 소통이 되도록 이야기를 한다면 가르치는 것보다 아이 스스로 생각하고 탐색하는 대화로 주도적 삶을 살게 해줄 것이다.

7
하브루타에서 경청이란

    휴일은 꿀 같은 늦잠을 자기에 좋은 날이다. 늦게 일어나 피곤한 몸을 풀며 하루를 시작하는 느낌은 행복한 기분을 준다. 그런 휴일의 행복함은 가끔 남편으로 인해 깨어질 때가 있다. 집안일은 언제나 여자가 해야 하는 것을 인정하듯 남편은 집안일에 대해 안일하게 생각한다. 나중에 하면 되지 뭐하러 지금 하냐고 말하는 남편에게 화가 났지만 참는 날들이 많았다.

    오늘은 묵혀두었던 감정을 남편에게 이야기하고 싶었다.

    "무슨 이야기를 하자는 거야 피곤한데."

    "그래도 이야기 좀 해요."

    "얘기해봐. 들을게."

    "집안일은 나 혼자 하는 것 아니잖아요. 나도 일하고 돌아오면 힘든데 집안일을 나눠서 해요."

"나도 하잖아. 둘만 살고 있는데 무슨 청소를 매일 하자는 거야."

"먼지가 많아. 몸에도 나쁘고 나는 깨끗한 걸 좋아하는 것 알잖아요."

"일하고 돌아오면 피곤한데 어떻게 청소까지 하자는 거야."

남편은 화를 내며 방으로 들어가 버린다. 뒤를 쫓아 방으로 들어가 한 마디를 더 하였다

"어떻게 말을 하다말고 들어가요. 이야기를 끝까지 해야지."

"청소 이야기는 그만 해. 일주일에 한 번 대청소 하자고. 피곤해. 잘 거야."

남편은 침대에 누워버린다. 그런 남편의 태도에 화가 나고 한심하다는 생각이 들었다. 어떻게 대화를 이렇게밖에 못할까. 남편의 이런 태도에 더 화가 나는 것이다. 남편은 상대의 말을 경청하는 걸 모르는 사람처럼 대화를 끝까지 안 하는 버릇이 있다. 이런 남편의 버릇 때문에 속상하고 대화도 하기 싫어지고, 나는 화만 내는 사람이 되어버렸다. 사실 집안 청소가 나에게는 중요한 일이지만 남편에게는 그렇지 않을 수 있다. 하지만 부부란 무엇인가. 다른 성향을 가지고 있는 사람이 같이 살아가기에 서로 배려하고 지켜야 할 것들이 있으며, 노력하며 살아야 하는 것이다.

결국 어릴 때부터 경청하는 습관을 만들어주는 것이 중요하다. 하브루타 교육법은 경청하는 습관을 만들어 준다.

'경청'이란 상대의 말을 듣기만 하는 것이 아니라, 상대방이 전달하고자 하는 말의 내용은 물론이며, 그 내면에 깔려있는 동기(動機)나 정서에 귀를 기울여 듣고 이해된 바를 상대방에게 피드백(feedback)하여 주는 것

을 말한다. 이러한 효과적인 커뮤니케이션은 중요한 기법이다.

- [네이버 지식백과]

많은 사람들이 경청을 어렵다고 호소한다. 경청을 잘 하고 있다고 생각하는 사람들도 막상 대화를 나누어 보면 경청이 잘 되고 있지 않았다.

그렇다면 하브루타에서 경청은 어떤 의미일까?

하브루타는 짝을 지어 질문하고 대화를 통하여 기존에 알고 있는 지식을 짝에게 다시 설명하면서 알고 있는 지식을 재정비하는 것이다. 이 과정에서 상대의 질문과 설명을 경청하지 못한다면 알고 있는 지식을 전달하지 못할 것이며 질문 또한 하지 못할 것이다.

아래의 만 5세 아이들의 하브루타 짝 토론을 살펴보면 경청이 하브루타에서 중요함을 알 수 있다. 이 대화는 김홍도의 〈씨름도〉를 보며 인물 탐색을 하여 짝 토론을 한 것이다.

하나 : 이 사람은 왜 얼굴이 길쭉하게 생긴 걸까?

아라 : 오이를 먹어 길어진 것 아냐?

하나 : 나도 오이 먹는데 왜 나는 안 길어?

아라 : 그럼 엄마, 아빠를 닮아 길쭉하겠지.

하나 : 아마 아빠를 닮았을 거야. 이 사람은 남자니까.

아라 : 이 사람 여자일 수도 있지. 머리가 길다고 다 남자는 아니잖아.

하나 : 옛날 남자들은 머리를 이렇게 하고 다녔어.

아라 : 아, 맞다. 나도 책에서 봤어. 그래도 여자가 남자인 척 하고 씨름
　　　대회에 나왔을 수도 있지.

하나 : 그럴 수도 있지만 씨름하다 보면 여자인지 알아. 혼날 거야.

아라 : 아니야. 힘이 센 여자라 아무도 몰라볼 거야.

하나 : 힘이 세면 그럴 수도 있겠다.

　두 아이의 대화를 보면 얼굴 모양에서 성별, 옛사람들의 모습, 씨름 이
야기까지 이어지며 서로에게 경청의 미덕을 빛내고 있다. 긴 대화가 아
니지만 많은 것을 내포하고 있다. 두 아이가 서로의 이야기에 경청하지
않았다면 이처럼 대화할 수 없었을 것이다. 오이처럼 길어진 이유로 시
작한 질문이 여러 가지 내용을 내포하며 대화를 나누고 토론을 하는 시
간이 되었다.

　만 4세 아이들의 짝 토론을 살펴보자. 그림책 하브루타를 진행하기 전
아이들에게 표지 탐색시간을 주어 살펴보도록 하였다. 표지 탐색을 마치
고 짝과 함께 이야기하며 질문을 만들었다.

아람 : 저 아이는 왜 춤을 추고 있는 것일까?

서영 : 것도 몰라? 춤을 추고 싶은데 집이 없어 거리에서 추고 있는 거야.

아람 : 왜 집이 없어?

서영 : 엄마, 아빠가 없는 아이니까.

아람; 그럼 어떻게 살지. 추울 텐데.

서영 : 아마 다른 집에서 잘 거야.

아람 : 다른 사람들이 집에서 재워주면 좋겠다.

서영 : 우리 집에 오면 엄마에게 도와 달라고 말할 텐데.

아람 : 나도 그럴 거야.

두 아이는 거리에서 춤을 추는 아이들을 보고 짝 토론을 하였다. 춤을 추는 아이를 보고 계절에 대한 이해와 남을 배려하는 태도까지 대화한 것이다. 그림책 표지를 보고 하브루타 짝 토론을 하며 짝의 말에 경청하고 짝에게 자신의 생각을 이야기 할 수 있는 시간이었다.

하브루타는 자신이 생각한 이야기를 친구에게 스스럼 없이 이야기할 수 있도록 가정에서부터 교육시킨다. 질문을 경청하며 남과 다른 나만의 생각을 짝에게 이야기하고 서로에게 경청하고 소통하는 과정이다. 이처럼 경청은 질문을 하는 사람에게도 질문을 듣는 사람에게도 중요하다.

아이들이 말을 듣지 않아 큰 소리를 쳐야 겨우 말을 듣는 경우, 같은 말을 반복적으로 여러 번 하게 하는 경우, 부모의 말을 무시하는 경우, 왜 아이들은 부모의 말을 귀담아 듣지 않을까?

평소 우리의 태도를 한 번 생각해 보자. 우리는 가정에서 아이들 말을 경청하였는지 생각해 볼 필요가 있다. 부모들은 아이들의 의견이나 말을 무시하고 부모의 생각으로 지시하고 명령하며 아이가 따르기만을 강요한 것은 아닌지 생각해 볼 필요가 있다.

누군가 내 말을 경청하지 않으면 무시 당하는 느낌을 받는다. 비록 아이가 어리지만 아이가 하고자 하는 것, 부모에게 요구하는 것들을 무조건 무시하거나 아무런 설명도 없이 들어 주지 않는다면 아이들 또한 부모에게 똑같은 행동을 할 수 있다. 아이들 말에 귀기울여 경청하고 존중해 줄 때 아이들도 부모의 말에 경청하는 아이로 성장할 수 있다.

8
보고 듣고 느끼고 깨닫다

아이들은 세상에 태어나 제일 먼저 울기 시작한다. 물속처럼 편안한 혼자만의 세상에서 사람들과 어울려 살아야 하는 세상으로 나온 것이다. 새로운 것을 보고 듣고 느끼고 깨닫기 위한 과정이 시작되는 것이다.

태어나 처음 엄마에게 안긴 아기는 접촉을 통해 포근함을 느낄 것이다. 엄마의 품은 아기에게 세상 그 무엇보다 포근하고 안정된 곳이다. 처음 만나는 엄마를 알아가는 과정이 시작된 것이다. 이처럼 인간은 태어나면서부터 새로운 것을 접하며 온몸으로 느끼며 눈으로 보고 만지며 인생을 알아간다.

스리랑카를 여행하는 중이다. 높이 370m 바위 정상에 왕궁이 있다. 아버지를 살해한 왕 카사파1세가 두려운 마음에서 바위 정상에 왕궁을 만든 것이다. 놀랍고 신기한 그곳은 '시기리아락'이다. 스리랑카가 세상에 알려지며 많은 관광객이 찾아오는 곳으로 외국인에게는 입장료도 비싸게 받는다.

아버지를 죽이고 왕이 된 카사파 왕은 어떻게 높은 바위에 왕궁을 만들 수 있었을까? 아직도 왕궁이 남아있을까? 사람들은 어떻게 살아갔을까? 많은 것이 궁금하고 또 궁금하다.

새벽 일찍 별이와 시기리아를 올라가기 위해 물을 들고 출발했다. 우리는 공부한 지식을 토대로 카사파 왕과 시리기아를 이해하려 했다. 처음 걸어가는 평지는 일반 시골 도로와 비슷했다. 가면 갈수록 점점 오르막길이 나오기 시작하지만 큰 불안감이나 공포는 없었다. 중간쯤 도착하면 쉴 곳이 나오고 바위에 올라갈 수 있는 계단들이 나온다. 그 계단 아래는 사자 발이 있는데 계단을 지키고 있는 듯하다.

"별아, 이제부터 바위를 올라가야 하는데 괜찮겠어?"

"무서워요. 하지만 천천히 올라가 볼게요."

고소공포증이 있는 별이는 계단 올라가는 것이 두려워 보였다. 하지만 꼭 가보고 싶다며 끝까지 함께 올라왔다. 바위에는 쇠로 계단을 만들어 두었지만 가파른 계단을 올라가는 것은 두려운 일이있다. 한참을 올라가니 바위에 여인들을 그린 흔적이 나타났다. 그 당시 사람들의 흔적을 알 수 있는 그림이었다. 지금은 많이 훼손되어 사진 촬영을 하지 못하게 했지만 눈과 마음에 가득 담아 왔다. 그렇게 올라가고 또 올라가니 바위 정상까지 올라갈 수 있었다.

눈으로 보여지는 정상은 일반 평지처럼 보였는데, 여러 곳에 왕궁의 흔적들이 남아 있었다. 정상에서 아래를 내려다 보니 어떻게 이렇게 높은 곳에 궁전을 만들었는지 도저히 짐작할 수조차 없을 정도였다.

카사파 왕은 아버지를 죽인 죄책감과 백성들의 비난에 두려움과 불안한 마음을 가지게 되었다. 또한 남인도로 떠난 동생의 보복이 두려워 수도인 아나루다푸라를 버리고 시기리아 바위에 왕궁을 만들었다. 결국 동생이 찾아와 전쟁을 시작하면서 카사파왕은 두려움에 스스로 자살을 하고 말았다. 오랜 세월동안 바위 정상에 왕궁을 만들었지만 그곳에서 오래 살지는 못했다고 한다.

정상에서 카사파 왕을 생각해 보았다. 이 바위에서 그의 두려움이 조금은 사라졌을까? 눈을 감고 이곳에서 살아 움직이는 카사파왕을 생각해 보았다. 어디를 가도 그가 느끼는 두려움은 사라지지 않았을 것이다.

주변을 돌아보며 흔적들을 하나하나 바라보며 만져 보았다. 이곳에 왕궁을 짓기 위하여 얼마나 많은 사람들이 희생 되었을까?

어떤 질문을 할 수 있을까

1. 누가 저 여자의 뒷모습을 찍었을까?
2. 태극기를 왜 들고 다닐까?
3. 무엇을 찍는 것일까?
4. 바닥에는 왜 물이 고여 있을까?
5. 얼마나 높은 곳일까?
6. 멀리 있는 산까지 거리는 얼마나 될까?
7. 여행을 혼자 갔을까?

스리랑카 시기리아락

시기리아를 가보지 않고 이야기만 들었다면 카사파 왕을 온전히 느낄 수 있었을까? 그런 왕도 있구나, 참 신기하네. 어떻게 바위 정상에 왕궁을 짓지? 그렇게 큰 바위도 있단 말이야? 신기하다고 생각하고 말았을 것이다. 하지만 시기리아락을 보고 카사파 왕을 생각하니 그의 마음을 느낄 수 있었으며 그렇게 할 수 밖에 없었던 상황과 삶을 조금은 이해할 것 같았다.

"만약 별이가 카사파 왕이라면 바위 정상에 왕궁을 지었을까?"
"아뇨. 카사파 왕의 마음은 조금은 알 것 같지만 저라면 그렇게 하는 것보다 살고 있는 왕궁에서 최선을 다하며 살았을 것 같아요."
"엄마는 너무 두려우면 도망가고 싶다는 생각에 공감이 많이 간단다. 사람은 두려움에 직면하면 도망가고 싶어지는 것 같아."
"너는 어떻게 할 것 같으니?"
"어떤 두려움인지가 중요하겠죠. 저는 도망가는 것보다 그 자리에 있으면서 해결하는 것이 좋다고 생각해요."
"사람의 욕심은 나쁜 결론을 만드는 것 같아. 별이는 친구들과 관계에서 욕심을 낸 적은 없니?
"욕심을 낸 적은 있지만 친구에게나 사람들에게 피해를 주면서까지 욕심을 내고 싶지는 않아요. 엄마는 제 성격 아시잖아요."

여행은 많은 경험을 하게 해준다. 지금 살아가는 현실에서 느껴보지 못한 것들에 대하여 경험을 하게 한다. 여행은 보고 듣고 느끼는 과정이다.

인도의 갠지스강에는 매일 진행되는 뿌자의식 속에서 사람들은 어떤 축복을 받는 것인지, 두려움으로 살아간 카사파 왕의 마음을 가보지 못하고 어떻게 느낄 수 있을 것이며, 미얀마 산골 마을 사람들의 순박함을 가보지 못하고 어떻게 알 수 있겠는가?

여행에서 보고 듣고 느끼는 많은 것들은 우리들의 이야기기가 되며 우리 삶 속에 녹아든다. 우리가 어떤 방향으로 가야 할 것인지 결정짓는 것은 삶의 경험에서 나온다. 나만의 잣대로 승화시켜 삶의 길잡이로 삼고 살아가는 것이다. 작은 일에서부터 큰일을 결정할 때 경험이 없다면 어떤 잣대로 결정할 수 있을까. 지식을 통해 정확한 통계와 이론으로 결정을 할 수 있지만 경험에서 결정되는 것과는 큰 차이가 있을 것이다.

Part 3

왜
여행하는두타인가

1
여행하는 이유

수영하는 사람, 모래 위에 앉아 해변을 바라보는 사람, 서핑을 하는 사람, 안마하는 사람, 타투하는 사람, 썬비치에 누워 책을 읽는 사람 등 각자의 모습으로 발리의 꾸따 해변을 물들이고 있다.

해지는 해변을 바라보며 작은 식당에서 저녁을 먹기 위해 봉골레를 주문했다. 내일이면 발리를 떠나기에 지금 이 순간이 아름답게 느껴질지도 모르겠다. 조금 더 이곳에서 지내고 싶은 욕심이 간절하게 다가왔다.

"한국분이세요?"

고개를 돌려보니 서양인 남자가 쳐다보며 말을 한다.

"네, 한국 사람입니다."

"반가워요."

앞자리에 앉으며 악수를 청한다. 나는 어리둥절한 표정으로 그 사람을 쳐다보았다.

"저는 미국사람입니다. 한국 친구가 많아 반가워 인사를 했습니다."

미국 남자는 한국을 좋아하기 때문에 반가웠다고 한다.

"한국말도 잘합니다."

"한국말을 잘하시네요. 배우셨어요?"

한국말 하는 서양인을 발리에서 만나고 있으니 신기할 따름이다. 그는 한국을 좋아해 일 년간 한국에서 살았다고 한다. 우리는 식사를 마치고 맥주를 마시며 여행이야기로 꽃을 피웠다. 미국인 친구 이름은 리차드며, 치과의사라고 했다. 지금은 혼자 인도네시아를 여행 중이다. 나와 반대로 시작하는 여행이라 발리에서 하루가 겹친 것이다.

"리차드에게 여행은 무엇이죠?"

여행에 대한 정의는 사람들마다 다르기 때문에 리차드의 이야기를 듣고 싶었다. 한참을 생각하더니 자신만의 정의를 이야기한다.

"여행은 '벗어남'이라고 생각해요."

"벗어남? 무엇에 대한 벗어남일까요?"

"우리들의 일상이 아닐까요."

"미숙 씨는 여행이 무엇이라고 생각하나요?"

"여행은 '멈춤'이라고 생각해요."

"'멈춤'은 아무것도 움직일 수 없는 것을 말하나요?"

"네, 일상에서 잠깐 멈추어 다른 세상을 바라보는 것이라고 생각해요."

어떻게 보면 리차드의 '벗어남'과 나의 '멈춤'은 같은 맥락이다. 결국은 멈추어 다른 세상을 여행하는 것이기 때문이다.

나는 온몸으로 여행지를 느끼고 싶다. 살아가고 있는 나의 삶은 잠시 뒤로 하고 여행지에서 보고 느끼고, 지금 여행하는 곳의 삶은 어떠한지를 생각할 뿐이다. 여행지에서 마음이 맞는 친구를 만나면 여행 이야기에 집중하고, 혼자 다닐 때는 오로지 나에게 집중한다. 여행을 통해 내가 진정 원하는 삶을 잠시 살아보게 되는 것이다.

"남편이 직장을 그만두기로 했어. 이제 어떻게 하지?"
남편의 실직으로 마음 아파하는 친구에게 여행을 떠나 보라고 이야기한다. 직장에서 승진하여 기뻐하는 사람에게 기념으로 여행을 다녀오라고 한다. 이번 달 시험을 망쳐 슬픈 아이에게도 친구와 여행을 다녀오라고 한다. 마음이 힘들어도 여행을 다녀오라고 하며, 즐거운 일이 생겨도 여행을 다녀오라고 한다. 언제부터인지 여행은 우리 삶 속에 깊숙이 들어와 삶의 일부가 되었다. 우리는 왜 여행을 권하는 것일까?

요즘 사람들은 누구나 SNS 하나쯤 갖고 있다. 그곳에는 멋진 여행지의 풍경, 현지에서 맛집 사진과 글들을 쉽게 볼 수 있다. 그래서인지 자랑 삼아 여행을 가는 사람들도 많다. 그들의 여행의 이유는 '자랑'일 것이다.

우리는 여행지에서 유명한 곳을 찾아 다니며 그곳의 흔적을 남기기 위해 사진을 찍고, 급하게 다음 여행지로 떠나는 '찍고여행'을 많이 한다. 나 또한 지금까지 그런 여행을 해왔음을 인정하지 않을 수 없다.

어느 일간지에서 어린이날 가장 하고 싶은 것은 무엇인지 아이들에게 물었다. 가장 많이 나온 대답은 '가족과 함께 즐겁게 지내는 것'이다. 그래서인지 요즘 부모들은 가족과 함께 여행, 캠핑 등 아이들과 많은 시간을 함께 보내려고 노력한다.

그렇다면 아이들에게 가족과 함께 떠나는 여행이란 어떤 의미일까?

아이에게 여행은 가족과 즐거운 시간을 보내며 여행지에서 만지고 느껴며 눈으로 손으로 체험해 볼 수 있는 것이다. 그런데 아이들에게 여행이 즐겁고 좋은 거냐고 묻는다면 모두 그렇다고는 하지 않는다. 대부분 아이들과 함께 하는 여행은 부모의 뜻에 따라 결정된다.

아이들과 여행을 가기 전에 의견을 물어본 적 있는가?

여행지에 대하여 아이와 이야기 나눈 적은 얼마나 되는가?

아이가 그곳을 알아가도록 질문하고 토론한 적은 있는가?

아이를 데리고 여행을 간다면 아이들과 여행지에 대해 함께 이야기 해야 한다. 여행을 계획하기 전부터 이야기하고 계획을 짜고 알아가며 토론한다면 아이들에게 여행에 대한 의미는 크게 다가올 것이다.

아이들에게 여행이 무엇이냐고 묻는다.

"엄마, 아빠랑 같이 있을 수 있는 날이에요."

"재미있는 일이 많아요."

"구경하고 싶은 것이 많이 생겨요."

"즐거워요."

"엄마가 기분이 좋아요."

아이들에게 여행은 즐거움이라고 말할 수 있다. 부모는 아이들에게 여행을 통하여 많은 경험을 하게 해주며 아이가 보고 느끼며 이야깃거리를 만들어 주는 것이다.

여행의 의미는 각자 다르겠지만 일상에서 하지 못한 새로운 경험을 해주는 것만은 분명하다. 처음 보는 풍경을 보았을 때, 맛있는 음식을 먹을 때, 여행지에서 처음 만나는 사람과 대화를 했을 때, 도시마다 다른 축제들을 경험했을 때 느껴지는 경험들은 많은 이야기를 만들어 주며 추억을 간직하게 해준다.

여행을 통해 다양한 경험을 한 사람과 그러지 못한 사람의 대화는 어떠한가. 다양한 경험을 한 사람의 이야기는 다양한 경험을 통해 폭넓은 대화로 이어질 것이다. 반대로 다양한 경험을 하지 못한 사람의 대화는 일상 이야기에서 벗어나지 못한다. 그래서 어디를 여행하느냐보다 여행에서 어떤 경험을 하였는지가 중요하다.

여행을 떠나기 전 여행지에 대한 정보를 먼저 알고 아이들과 함께 질문하고 토론한다면 폭넓은 경험과 추억을 만들어줄 수 있다. 낯선 곳에서 그들의 삶을 가까이 경험해 볼 수 있는 여행을 해볼 것을 권한다.

인도네시아 여행 (2011. 12.27)

★ 첫째 날
인니항공사 가루다 항공으로 출발(가루다 항공은 비자와 입국심사를 기내에서 하기 때문에 공항 도착에 따로 입국심사를 할 필요가 없다. 기내에서 입국심사 때 주는 보라색카드를 보여주면 그냥 통과시켜준다.) → 자카르타 도착(공항에서 내일 출발할 족자가르타 국내항공을 예매함) → 숙소 이동(한인숙소 한국에서 미리 예약) → 저녁을 숙소

★ 둘째 날
숙소에서 조식 → 따만미니(인도네시아 민속촌–택시로 이동) → 모나스(자카르타 트랜스 이동) → 버스로 공항 이동 → 족자가르타 이동 → 족자가르타 도착 → 소스로위자얀(여행자의 거리) 연말이라 숙소가 없어 비행기에서 만난 마리얀또가 함께 숙소를 찾아 주었다 → 숙소 예약 → 마리얀또와 저녁(현지인식당에서 손으로 밥을 먹음) → 취침

★ 셋째 날
숙소에서 조식 → 말리오보로 거리 → 술탄왕궁 → 물의궁전 → 족자가르타 시장 → 프람바난과 보로부두르사원 투어 예약 → 말리오보로 거리 구경 → 저녁 → 취침

★ 넷째 날
새벽 5시 출발 → 보로부두르사원 → 버스로 이동 → 프람바난 사원 →숙소 도착 → 점심을 먹고 내일 브로모화산과 발리까지 투어 예약(현지인 여행사) → 말리오보로 거리에서 중국아가씨와 이야기 → 저녁 → 쇼핑 → 취침

★ 다섯째 날
숙소에서 조식 → 8시 30분 투어 봉고차 출발 → 11시간을 달려 브로모화산 숙소 가기 전 대기실에 도착(많은 외국인여행자들이 모였다. 한국인은 혼자다) → 한시간을 기다리고 작은 차로 나누어 여행자를 태우고 숙소마다 내려준다. → 산장같은 숙소도

착 고산지대라 무척 춥다 → 대충 씻고 취침

★ 여섯째 날
일출을 보기 위해 새벽 4시 출발 → 지프로 이동 → 브로모화산 옆산 도착 → 브로모화산 등반 → 지프로 함께 이동한 일행을 기다려 함께 아침식사장소로 이동 → 버스로 4시간 달려 발리 가는 배 승선 → 배에서 내려 다시 버스로 이동 → 발리 덴파사우봉역 하차 →꾸따해변 → 아레나호텔 → 꾸따해변 산책 → 해변 식당에서 저녁(봉골레) → 꾸따해변 일몰 감상 →발리시장 구경 → 호텔

★ 일곱 번째 날
호텔 조식 → 공항(발리에서 자카르타 항공표 예약) → 뽀삐스거리 → 꾸따해변 산책 → 해변에서 수영 → 호텔

★ 여덟째 날
체크 아웃 → 뽀삐스거리 쇼핑 → 꾸따해변 산책 → 발리 공항 → 한국

2
여행 하브루타

교회를 다니지만 산사를 좋아해 절을 자주 찾아 다닌다. 꽃향기가 가득한 봄 순천 선암사가 그리워 여행을 갔다. 선암의 풍경을 사진에 담고 싶은 욕심에 무거운 카메라를 챙겨 통영에서 순천까지 달려갔다. 언제 봄이 왔는지 벚꽃잎들이 눈이 되어 날아다니는 모습이 마치 작은 새들이 엄마를 찾아 날아다니듯 아름다웠다. 선암사에 도착해 사진을 찍고 있었다.

"안녕하므니까?"

고개를 돌려보니 할아버지 한 분이 인사를 한다.

"안녕하세요."

"미안하므니다. 우리도 사진을 찍어 주십시오."

같이 있는 친구들을 가리키며 사진을 찍어주기를 부탁하였다. 3명의 일본인 할아버지들이었다.

나는 인사를 나누고 다시 사진을 찍기 위해 선암사를 돌아 길을 걷고 있을 때 조금 전 할아버지들을 다시 만났다.

"잠깐만 이리로 오세요."

나를 부른다.

할아버지들이 있는 곳으로 달려가니 사탕을 주며 사진 찍어주어 고맙다고 다시 이야기한다. 할아버지들의 사연이 궁금해졌다.

"일본에서 오셨어요?"

"네, 우리는 오사카에서 왔어요."

"여행 오셨나봐요."

"서울에서 여행하다 버스를 타고 광주로 왔다 선암사가 유명하다고 해서 왔으므니다. 우리는 같이 음악을 하는 사람들입니다. 나이는 다르지만 친구예요."

그렇게 시작한 이야기는 함께 길을 걷고 주차장으로 내려올 때까지 이어졌다. 할아버지들은 한국말을 잘 하고 한국을 좋아한다고 한다. 한국은 자주 오는데 광주는 처음이라고 했다.

"제 이름은 박미숙입니다. 성함이 어떻게 되세요?"

"이마이즈미상, 나가요시상, 코이치상입니다."

우리는 이름을 부르며 한국의 아름다움에 대한 이야기꽃을 피웠으며 매표소 입구 포장마차에서 핫도그도 먹었다. 이제는 헤어져야 할 시간인데 아쉬움이 크게 다가왔다.

"이제 어디로 가세요?"

"우리는 고인돌공원을 찾아 가려고 합니다."

"저도 가려고 하는데 그럼 제 차로 같이 가세요."

"정말이므니까? 좋습니다."

우리는 모두 기쁜 마음으로 고인돌 공원으로 향했다. 그곳에서 계속이어지는 한국과 일본의 이야기들, 간혹 일본말로 이야기할 때는 알아들을 수 없음이 답답하기도 했지만 한국말을 잘하는 덕분에 많은 이야기를 나눌 수 있었다.

고인돌 공원을 돌아보고 점심을 먹기 위해 맛집을 찾았는데, 주메뉴는 팥 수제비였다. 어릴 때 엄마가 자주 해주던 팥 수제비는 나에게 추억의 음식이며 좋아하는 음식이다. 할아버지들은 처음 먹어보는 음식이 생소했을 것이다.

"오늘 점심은 우리가 사겠습니다."

"아니에요. 제가 대접할게요."

"안돼요. 우리가 사겠습니다."

"미숙구상 오사카에 여행오세요. 우리가 구경시켜줄게요."

"정말요? 기뻐요. 꼭 갈게요."

오사카에 친구가 생겼다고 생각하니 기분이 좋았다.

"오사카는 맛있는 음식도 많고 오사카성이 유명해요."

"아직 가보지 못했는데 다음 여행은 꼭 오사카로 갈게요"

일본을 많이 가보기는 했지만 오사카는 가지 못했다. 외국인 친구가 생긴 것이 춤을 추듯 기쁘고 흥분되었다.

여행은 장소가 중요하지 않다. 우리나라를 여행할 때나 외국을 여행할 때나 나와 다른 삶을 살아가는 사람들을 보게 되는 것은 즐거운 일이다. 넓은 관점에서 본다면 살아가는 모습들은 비슷하다 할 수 있다. 하지만 조금 더 낮은 자세로 보면 나와 다른 그들의 삶을 볼 수 있다. 그런 의미에서 여행은 경험을 소유하는 것이며 나와 다른 삶에 대해 생각하고 이해하는 것이다. 결국 여행한다는 것은 나를 바라보는 또 다른 관점이 생기는 것이며, 나와 다른 타인의 삶을 배려하고 존중하는 것이다.

여행하며 보고 느끼는 것들에 대해 하브루타를 한다면?

막연한 여행을 하는 것보다는 여행지에서 함께한 사람들과 보고 듣고 느끼는 것을 대화하고 질문하고 토론을 한다면 여행은 우리에게 또 다른 느낌을 줄 것이다. 또한 여행에서 느낀 감정, 경험에 대해 대화하고 질문하는 것에 흥미를 느끼면 하브루타를 더 쉽게 할 수 있을 것이다.

헐리우드 7대 주요영화사 중 6개(파라마운트, 20세기폭스, 엠지엠, 워너브라더스, 콜럼비아, 유니버셜)는 유대인이 설립하였다. 그들은 어떻게 재미있고 흥미있는 영화들을 만들어 성공하였을까? 그것은 스토리를 만들어내는 것이 몸에 베어있기 때문일 것이다.

스토리는 일상이나 동화책 등을 통해 다양하게 접할 수 있지만 여행에서 경험한 이야기는 생생한 이야기를 통해 더욱 흥미있는 하브루타를 할 수 있게 한다. 아이들은 자신이 경험한 많은 이야깃거리를 가지고 있기 때문에 다양한 대화를 할 수 있다. 경험하지 못한 것에서 대화를 하고 질문을 만드는 것은 흥미와 즐거움을 덜 느끼게 될 것이다. 성인도 마찬가지다. 경험을 통한 질문과 대화는 많은 이야기를 만들어낸다. 여행은 하브루타를 재미있고 즐겁게 할 수 있는 가장 좋은 매개체이다.

3

질문하고 대화할 '거리'

    유치원 마당은 아이들이 뛰어놀기 좋은 잔디밭이다. 아이들이 온힘을 다해 노는 시간은 마당에서 놀이할 때이다. 무엇이 그렇게 즐거운지 아이들은 마당에만 나오면 망아지처럼 뛰어다닌다.

    햇살이 유난히 포근함을 느끼게 하는 가을, 7살 하랑이는 잔디밭에 돗자리를 깔고 누워 있었다. 햇빛이 따뜻해 일광욕을 한다는 것이다. 하랑이 모습이 편안해 보여 나도 같이 누웠다. 하늘에는 구름이 많이 흘러가고 있었다.

    "원장선생님, 저 구름은 무슨 모양 같아요?"

    작은 구름을 가리키며 질문을 한다.

    "글쎄, 하랑이는 무엇으로 보이니?"

    "백조 같아요."

    "백조?"

"왜 백조 같다고 생각하니?"

"저번에 엄마, 아빠랑 여행을 갔을 때, 물 위에 백조들이 많이 놀고 있었어요."

"아…, 하랑이가 여행하면서 백조를 보았구나."

"백조를 본 느낌이 어땠니?"

"하얀 백조가 예뻐 보였어요."

"그럼 백조를 생각하면서 질문 만들기를 해볼까?"

"네, 질문 만들기 해요."

하랑이가 생각하는 동안 나는 연필과 종이를 가지고 나왔다.

1. 백조의 성별은?

2. 물에 물고기는 몇 마리가 있을까?

3. 호수였을까, 강이였을까?

4. 어떤 계절일까?

5. 결혼을 했을까, 안 했을까?

6. 백조도 미운 아기오리처럼 못생겼을까?

7. 백조는 혼자였을까, 친구도 같이 왔을까?

8. 백조가 헤엄치는 물은 깨끗했을까, 더웠을까?

9. 암컷이였으면 뱃속에 몇 마리였을까?

10. 백조의 기분은 어땠을까?

11. 백조의 눈에 물고기가 헤엄치는 게 보였을까, 안 보였을까?

12. 날씨는 좋았을까, 안 좋았을까?

13. 백조 나이는 몇 살이였을까?

14. 옛날이였을까, 현재였을까?

15. 그곳은 어느 나라일까?

16. 발이 바닥에 닿았을까, 안 닿았을까?

17. 아팠을까, 건강했을까?

18. 백조는 어떻게 잘까?

19. 시간은 몇 시일까? 오전일까, 오후일까?

20. 발레리나는 왜 백조를 연상시킬까?

아이는 여행에서 보고 온 백조를 생각하며 20개의 질문을 만들어냈다. 부모님과 여행을 하며 바라본 것에 대해 질문하기도 했고, 질문에 대해 대화를 하며 토론을 해보았다.

도심 속 작은 연못에서 두 마리 백조를 보고도 질문을 만들고 이야기를 만드는 것이 하브루타이다. 하브루타에서 질문 만들기를 하려면 거리가 있어야 한다. 일상의 이야깃거리도 좋으며 동화나 그림책, 그림, 음악 등 여러 가지 매체를 통해 질문 만들기를 할 수 있다.

여행 하브루타는 여행에서 경험한 많은 것들이 바탕이 되어 생생한 나만의 이야깃거리, 질문거리를 만들 수 있다. 다른 사람들이 경험해 보지 못한 나만의 경험으로 생각하고 느끼면서 창의성은 더욱 발달될 것이다. 여행에서 느끼는 모든 것들은 온전히 나의 느낌, 나만의 감정이기 때문이다.

예를 들어 여행하며 길을 걷다 예쁜 꽃을 보았다고 하자. 그 꽃을 본 사람들은 모두 같은 생각을 할까? 꽃을 보며 아름답다고 생각만 하고 보기만 한 사람과 꽃을 만지고 냄새를 맡으며 체험한 사람의 경험은 분명 차이가 있다. 꽃을 보기만 했다면 꽃의 모습을 오감으로 체험하지 않았기 때문에 감성적 사고에 그칠 것이다. 하지만 직접 오감을 활용한 체험을 한 사람은 비판적 사고를 할 수 있으며 창의적 상상력을 가지게 된다. 여행을 통한 직접 경험은 아이들에게 하브루타를 다양하게 할 수 있는 거리를 만들어 주며 더 비판적 사고를 확장해 창의적 상상력을 도출할 수 있는 것이다.

동네여행

먼 곳을 가는 것만이 여행은 아니다. 내가 살고 있는 주변을 여행하는 것 또한 아이에게 직접 경험해 보게 하는 좋은 방법이다. 아이와 버스를 타고 살고 있는 동네를 돌아보고 대화하고 질문하며 이야기하는 것이 오히려 더 좋은 소재가 될 수 있다. 사실 우리는 마을 공원에 어떤 꽃이 자라고 있는지, 공원 호수에 어떤 물고기기 살고 있는지조차 궁금해 하지 않는다. 나의 주위 삶에 관심이 없는 아이가 다른 먼 곳이라고 진정한 관심을 갖게 될까.

왜 아이들은 스스로 배우고 싶다는 생각을 갖지 않는 걸까. 부모들은 아이들이 불편한 감정을 배우기도 전에 불편한 감정을 가지지 못하게 미리 차단한다. 아이는 학원을 마치고 집으로 돌아가 부모가 정해준 시간에 따라 움직이는 로봇과 같은 삶을 산다. 한국의 아이들이 대부분 비슷한 생활을 하고 있다. 그렇다면 한 번 생각해 보자. 미래의 아이들의 똑같은 생각을 가지고 똑같은 삶을 살고 있다면 끔찍하지 않은가. 반대로 자신이 원하는 일을 찾아 좋은 사람들과 함께 사회에 각자의 모습으로 기여하며 사는 아이들을 모습은 어떠한가.

아이들에게는 친구와 대화하며 소통할 수 있는 시간과 가족과 함께 모여 앉아 질문하고 토론하는 경험이 꼭 필요하다. 경험을 통한 배움은 평생 잊혀지지 않으며 그 배움의 중심에는 하브루타가 있다.

해외여행

직접 보고 느끼는 여행은 많은 이야깃거리를 만들어 하브루타를 충분히 할 수 있다. 한가지 더 제안을 한다면 여행을 떠나기 전에 역사를 알고 감상한다면 한층 많은 대화를 나눌 수 있다. 사실 어디든 직접 가보지 않고 그곳을 논한다는 것은 의미가 없다.

스페인 알람브라 궁전을 돌아보며 이슬람 왕조의 마지막을 느낄 수 있었다. 스페인 역사 속에서 마지막까지 살아남기 위해 몸부림친 이슬람 왕조는 그라나다까지 후퇴했다. 그래서인지 알람브라 궁전의 화려함과 정교한 장식은 이슬람 문화를 한껏 느낄 수 있으면서 슬픈 느낌을 주기도 한다. 알람브라 궁전 입구에는 내부시설을 만져보는 느낌을 경험하도록 체험관을 만들어 두었는데, 직접 체험을 원하는 여행자들을 위한 배려일 것이다.

그라나다를 정복한 이사벨 여왕은 알람브라 궁전을 무너뜨리려 했지만 왕이 방문객을 접견하는 방을 보고는 궁전을 보존하라고 명령한다. 알람브라궁전의 많은 건물 중 가장 아름답고 섬세한 방은 왕의 접견실이다. 그곳 천장은 8017개에 달하는 나무조각을 완벽하게 짜맞추어져 있다. 8017개의 나무조각을 짜맞춘 모습을 직접 보지 못한다면 그곳의 섬세한 아름다움을 어찌 알 수 있겠는가.

4
시야가 넓어지면 마음도 넓어진다

유네스코가 지정한 삼대 불교성지가 있다. 캄보디아 앙코르 와트 사원, 인도네시아 보로부두르 사원, 미얀마 바간 사원이다. 불교사원의 역사와 그 민족들이 믿음을 바라보는 마음이 어떠할지 궁금해 3곳을 다녀보았다. 사원마다 개성과 그 나라들만의 특징, 아름다움이 다르게 느껴졌다. 특히 인도네시아 보로부두르 사원의 웅장함과 신비로움은 아침 일찍 만들어진 무지개로 인해 경이로움까지 느끼게 해주었다.

보로부두르 사원은 여행자들과의 인연으로 더욱 인상 깊은 곳이었다. 아침 일찍 흐린 하늘을 배경으로 사원을 향해 올라갔다. 보로부두르 사원은 앙코르 와트사원보다 웅장해 보였으며 작은 탑들과 부조들이 모여 초대형 탑을 갖추고있는 형태였다. 인도네시아 학생들이 많이 보여 그들 사이에 끼여 사원을 돌아보고 있었다.

"일본인이에요?"

묵직한 음성이 들려 돌아보니 현지인 청년이 나에게 물었다.

"아뇨. 한국인입니다."

"미안합니다. 일본인이라 생각했습니다."

"괜찮아요. 동양인들은 비슷한데 특히 일본과 한국은 닮았어요."

청년도 혼자 여행을 왔는지 옆에는 아무도 없었다.

"어느 나라에서 왔어요?"

"인도네시아 사람입니다. 자카르타에 살고 있어요."

"그렇군요. 그럼 자카르타에서 여행 오셨어요?"

"휴가를 받아 혼자 여행을 왔습니다. 저는 의사입니다."

서로 인사를 나누고 이야기를 이어갔다.

"한국은 오신 적 있나요?"

"서울을 한 번 가보았습니다."

한국을 좋아한다는 선생님은 웃는 얼굴이 보기 좋은 사람이었다.

이야기하며 사원을 돌아보는 사이 비가 내리기 시작했다. 우산이 없는 나에게 우산을 빌려주며 자신은 비 맞는 것을 좋아한다고 이야기하며 웃어준다. 고맙기도 하고 미안하기도 했다. 우산을 쓰고 돌아보는 사원은 한결 운치가 있었다. 사람들 사이에 혼자 비를 맞고 서 있는 사람이 보였다. 나도 모르게 손짓을 해 그녀를 불렀다. 처음 보는 사람이 손짓한다고 누가 올까 잠시 생각했지만, 그녀는 뛰어 우산 안으로 들어왔다.

"고맙습니다. 비를 많이 맞아 옷이 다 젖었어요."

"갑자기 비가 내려 저도 놀랐어요."

"한국 사람인가요?"

그녀는 나를 한국 사람으로 보아주었다.

"네, 일본인이세요?"

"네, 도쿄에서 왔어요."

그렇게 인도네시아인, 일본인, 한국인 세 명이 작은 우산 아래에서 만났다. 비는 계속 내리고 우리는 걸음을 멈추고 비가 그칠 때까지 기다리기로 하였다. 의사 청년은 웃으며 일본도 다녀왔다며 이야기를 하기 시작했고 일본인 아가씨도 인도네시아가 좋다며 서로 이야기꽃을 피웠다. 청년과 아가씨 두 사람이 좋은 분위기가 익어 가는 듯한 느낌이 들어 자리를 피해주고 싶었다. 비는 점점 줄어드는 것 같아 두 사람에게 인사를 하고 사원 아래로 내려왔다. 혼자 걸으며 두 사람이 좋은 인연이 되었으면 좋겠다는 생각이 들었다.

그들은 나와 전혀 알지 못하는 사람들이다. 비로 인하여 잠시 인연을 맺은 사람들, 그들이 나에게 보여주는 것은 작은 친절과 이야기뿐이었다. 하지만 그들을 생각하며 미소를 짓고 두 사람이 좋은 인연이 되어 행복했으며 좋겠다는 생각을 한다. 왜 이렇게 타인에 관한 배려를 하는 것일까?

평소 배려를 잘하는 편이 아니다. 전혀 모르는 사람에게 친절한 태도를 보이는 성향도 아니다. 갑자기 남을 배려하는 마음이 넓어진 것일까?

이번 인도네시아 여행은 혼자 떠나온 여행이었다. 많은 사람을 만나고 그들과 이야기를 하며 짧은 영어지만 외국인 친구에게 배우는 것도 많았고 내가 가르쳐 주는 것도 생겼다.

공부가 되었다는 말이 아니다. 여행을 다니며 보고 듣고 느끼고 생각한 것들에 관해 이야기하다 보면 삶을 어떻게 살아야 하는지, 다른 사람에게 어떤 태도를 가져야 하는지 깊은 생각을 하게 되며 태도에 변화가 생기기도 한다. 언제부터인지 잘 모르겠지만 전혀 모르는 타인들과의 대화 속에서 경청하는 나를 본다.

상대의 말을 마음속 깊이 받아들이는 경청은 쉬운 일이 아니다. 여행지에서 만나는 사람들 중 경청하지 않는 사람들을 많이 보았다. 본인 이야기로 꽃피우는 사람들도 많다.

타인의 생각을 존중하고 경청을 잘 하는 나의 모습은 여행을 다니며 많은 것을 보고 듣고 경험하는 삶을 살다 보니 나에게 주어지는 선물인 것 같다. 세상을 여행하다 보니 시야가 넓어진다. 시야가 넓어져 남들이 보지 못하는 것을 보게 되며 생각이 깊어져 상대를 배려하는 성향이 강해진다. 이기심보다는 배려를 하며 사람들 이야기를 경청하는 사람이 되어 대화하기를 즐기게 되었다.

인도에서 넓은 땅을 이동하는 수단은 기차를 이용하는 것이다. 기차역마다 사람들이 많다. 기차역 건물은 오래되었고 청소를 안해 지져분 하다. 현지인들도 기차를 타고 이동을 많이 하는 듯하다.

인도 어느 기차역에서 여러명 인도 여인들이 벤치에 앉아 이야기하며 웃고 있는 모습에 취하여 그녀들에게 다가간 적이 있다. 인도 여인들의 모습이 무척 아름다워 보였다. 약간은 검은 빛이 보이는 피부색에 웃으며 이빨을 드러내는 얼굴은 마치 순백의 아이 같은 느낌이었다. 검은 긴 머리를 묶은 모습은 얼굴과 너무 잘 어울렸다.

나는 나도 모르게 그녀들이 이야기하는 벤치로 다가갔다. 그녀들은 이야기를 잠시 멈추더니 나를 바라보았다. 웃으며 그녀들을 바라보니 그녀들도 환하게 웃어준다. 무슨 말을 해야할까? 어색하게 고민하다 영어로 인사했다. 그런데 그녀들은 영어를 알아듣는 사람이 없었다.

대화를 나누는 것도 아니며 눈빛을 주고받았을 뿐인데 그녀들은 나에게 친절하게 대해 주었고 나의 손을 잡더니 그림을 그려주었다. 눈빛으로 서로에 대한 배려의 마음을 보았기 때문일까? 짧은 그 시간이 나에게는 신비로운 경험이었다. 사람들은 느낌으로 알 수 있다. 저 사람이 나에게 친절을 베푸는 사람인지 나에게 호감을 가진 사람인지.

여행에서 만들어지는 많은 경험은 나에게 넓은 마음을 만들어 주었으며, 사람들을 배려하고 경청할 수 있는 여유로운 마음을 갖게 해주었다. 여행에서 느끼는 모든 감정들이 좋은 것만 있는 것은 아니다. 하지만 나쁜 경험일지라도 마음의 여유가 있다면 그 또한 좋은 경험으로 만들어 주는 힘이 여행에서는 만들어진다.

살아가는 삶 속에서 한발 뒤로 물러나 나를 바라볼 수 있기 때문일지도 모른다. 또한 세상의 많은 모습을 나의 마음에 담다 보니 나의 마음 그릇이 넓어져 그런지도 모르겠다.

나와 다른 사람들의 생각을 모두 알 수 없지만 그들의 삶을 보며 나와 다름을 인정하며 존중해주는 마음을 가질 수 있는 여유로움이 생기는 것 또한 여행을 통해 얻어지는 마음의 여유일 것이다.

나와 다름을 인정한다는 것은 마음의 여유가 생긴다는 것이며, 타인을 존중한다는 의미일 것이다. 폭넓은 마음으로 타인을 품어 안을 수 있는 사람이 되어 간다는 것이다.

5
어디에서 무엇을 보는가

- 세부 바다는 에메랄드빛이다. 바다에서 수영할 때는 마치 나 자신이 물속에 동화되어 있는 듯 착각을 할 정도로 편안하고 기분이 좋다. 별이와 세부 바다를 잠수하기 위해 여행을 떠났고 하루 종일 바다에서 보낸 시간은 즐거움과 놀라움의 연속이었다. 색이 예쁜 물고기와 여러 모양의 산호와 바위들, 처음 보는 물고기들, 모든 것이 새로웠다.

다음날 보홀섬에 초콜렛힐을 보기 위해 산을 올랐다. 초콜렛힐은 키세스 초콜렛을 닮은 작은 산들이 여러 개 놓여 있는데 그 모습에 감탄하지 않을 수 없다. 세상은 우리가 알지 못하는 곳도 많으며, 아마 죽을 때까지 세상의 아름다운 곳을 반도 못볼 것이다.

- 발리 바다는 서핑을 하는 사람들을 보며 자유를 느낄 수 있다. 그들의 자유 속에서 나의 자유는 어디서 찾을 수 있을까를 질문해 보았다. 바다 위에서 놀고 있는 그들은 당당하고 아름다웠다. 세부 바다에서 느끼는

것과 발리 바다에서 느끼는 감정은 완전히 다른 것이었다.

- 인도 자이살메르 성에서 살고 싶다는 생각이 들었다. 고풍스러운 성이 나에게 던져 주는 느낌은 아름다움이었다. 이 성에서 살다 보면 평온한 안식을 할 수 있지 않을까. 성에서 바라보는 시가지는 옹기종기 모여 마치 성을 축복하기 위한 모습을 하고 있어 자이살메르 성이 더욱 웅장해 보였는지도 모르겠다.

- 스리랑카 버스는 에어컨이 없는 게 대부분이다. 창문으로 들어오는 매연과 뜨거운 열기만이 버스 안을 가득 채운다. 그런 버스지만 사람들과 눈 인사를 하며 미소로 답을 하는 모습이 정겨워 보였다. 그리고 그들이 얼마나 친절한 사람인지 알 수 있었다. 뜨거운 열기가 버스 안으로 스며들어 올 때마다 무척이나 더울 텐데 누구 하나 불만스러워 하는 사람이 없었다. 그들의 태도는 버스 안에서 에어컨이 빵빵나오는 나라에서 살다 온, 더위에 지쳐 헉헉거리며 연신 부채를 흔들고 있는 나의 모습을 부끄럽게 하였다.

- 바로셀로나에서 가장 유명한 것은 가우디의 작품이다. 아직도 건설하고 있는 사그라다 파밀리아는 완성이 된 것도 아닌데 세상 사람들은 그곳을 보기 위해 몰려든다. 사람들은 가우디를 좋아하고 그의 건축물을 사랑한다. 구엘공원을 보고 있노라면 환상 속에서 꿈에 그리는 동물들이 살아 움직일 것 같은 느낌이 든다.

- 미얀마 거리를 걷고 있으면 그들 신앙에 대한 존경심과 그들의 믿음에 감동을 느낀다. 믿음은 중요하다. 누구의 믿음이든 그 믿음은 간절하며 숭고하다. 미얀마 사람들은 그런 모습은 아름답기까지 하다. 거리의

꼬마들도 엄마 손을 잡고 파고다를 향하는 모습에 아이들도 믿음을 가지고 있을까 의문이 들었지만 그 아이들에게도 믿음이 있을 것 같은 생각이 들었다.

　나는 여행을 다니며 많은 것을 보았고 느끼며 스스로에게 많은 질문을 던졌다. 여행은 우리에게 많은 것을 보고 느끼게 하는 중요한 매개체인 것은 분명하다. 하지만 먼 곳을 가야 하고 유명한 곳을 가야 하는 것은 아닐 것이다. 가까운 곳에서도 보고 느끼며 질문하고 이야기할 수 있다. 뒷동산에 늘 있던 나무도 마치 오늘 처음 본 나무처럼 새로울 수 있으며, 신발장에 놓여져 있는 신발을 보고도 연민의 감정을 느낄 수 있는 것이 인간이다.
　중요한 것은 마음의 자세이다. 나와 가까이에 있는 것들을 감상하고 느끼며 글을 적고 이야기를 나눌 수 있어야 한다.

6
여행지의 대화

"엄마, 빨리 출발해요. 버스가 가버리겠어요."

스리랑카 길을 걸으며 별이가 재촉한다. 우리가 가야 할 목적지인 캔디에 가려면 버스를 타야 하기 때문이다. 스리랑카에서 이동하는 수단은 버스와 기차가 있지만 기차보다 버스가 빠른 곳도 있다.

"알았어. 빨리 뛰어가자."

무거운 배낭을 메고 뛰어 버스정류장으로 향했다. 이곳이 캔디행 버스가 멈추는 곳인지 확인하고 배낭을 잠시 내려 숨을 돌렸다.

한참을 기다려 캔디로 향하는 버스를 탔다. 에어컨이 없는 버스 안은 많은 사람으로 가득 차 있었다. 버스 안내를 하는 청년이 가방은 앞자리 기사 옆에 두라고 손짓을 하여 내려놓으니 다른 가방들과 첩첩이 쌓여 우리 가방은 보이지도 않는다. 내릴 때 찾을 수 있을까 의구심이 들었다.

버스는 먼지를 일으키며 출발한다. 현지인들이 타고 있었고 우리는 서

서 가야 했다. 아무런 말도 할 수 없는 상태에서 사람들에게 치여 움직일
수조차 없었다. 버스 안은 얼마나 더운지 열려 있는 창문으로 들어오는
바람으로는 시원함을 느낄 수가 없었다.

별이와 우리가 다닌 즐거웠던 여행 이야기하면 그 시간이 덜 힘들고 지
루하지 않았을까. 사람들이 많은 이유도 있지만 더운 날씨에 적응하지 못
해 힘들어 이야기 할 기운이 없었다. 고작 더운 날씨로 인해 여행의 참맛
을 느끼지 못하는 나에게 실망스러웠다.

캔디에 도착해 숙소에 배낭을 두고 거리로 향하였다. 점심을 먹고 불
치사를 본 후 저녁에 열리는 코끼리 축제를 보기 위해 기다려야 했다. 캔
디는 오래 전 스리랑카의 수도였으며 불치사가 있어 많은 불교신자들이
모이는 도시다. 콜롬보 다음으로 큰 도시이기도 하다.

불치사를 돌아보고 우리는 일찍 거리로 나와 축제를 보기 위해 자리를
잡았다. 상점 앞에 의자를 설치하고 돈을 받고 자리를 판매하는 풍경도
볼 수 있다. 별이는 의자에 앉자고 했지만 편안한 관람은 하고 싶지 않아
현지인처럼 거리에 앉아 보자고 했다.

"엄마, 자리가 불편하면 보기 힘들 것 같아요."

"코끼리를 잘 보려면 거리에 앉아 보는 것이 좋을 것 같은데, 그냥 거
리에 앉아서 보자."

별이는 엄마의 강요에 알았다면 대답하고 거리로 나왔다.

거리에는 장사를 하는 사람들이 많았다. 여러 가지를 팔고 있었는데,
특이하게 바닥에 깔고 앉는 비닐을 파는 사람들이 있었다. 우리도 한 장

을 사서 바닥에 앉아 기다렸다. 축제는 해가 질 무렵에 시작하기에 두 시간을 넘게 기다려야 했다. 지치고 힘든 시간이 될 것 같아 간식과 음료수를 먹으며 기다렸다.

두 시간을 기다린다는 것은 많은 인내력이 필요하다.

"별아, 우리 코끼리 축제에 대해 알아볼까?"

와이파이로 인터넷 검색을 하며 스리랑카 코끼리 축제에 대하여 검색해 보았다. 축제의 정식 명칭은 에살라 페라헤라Esala Perahera축제였다.

"별아, 축제 이름이 에살라 페라헤라야. 엄마는 그냥 코끼리 축제라고 생각했는데 다른 명칭이 있구나."

"정말 그러네요. '페라헤라'가 '행진'이라는 뜻이네요."

우리는 그렇게 축제에 대하여 알아보며 역사를 이야기 하였다. 스리랑카 왕조 때부터 2천 년 이상의 역사를 지닌 캔디 에살라 페라헤라는 스리랑카에서 가장 큰 규모의 축제였다.

"우리나라에도 이런 축제가 있을까?"

"우리나라에는 이렇게 동물을 이용한 축제는 없는 것 같아요."

"맞아. 그런 축제는 없는 것 같아. 하지만 우리나라에도 축제는 많이 생기고 있고 오래전부터 내려오는 축제들도 있을 거야."

"맞아요. 통영도 8월에 열리는 한산대첩축제도 있잖아요."

"우리나라에서도 지역마다 축제를 하고 있는데 재미있는 축제가 많은 것 같아."

별이와 축제에 대해 알아보며 대화를 나누는 동안 시간은 금방 가고 축제 시작을 알리는 신호가 울렸다. 현장에 있으니 기대감으로 더욱 흥

스리랑카 에살라 페라헤라 축제

분되었다.

채찍으로 땅을 치는 사람과 불을 돌리며 움직이는 사람들이 등장하여 축제의 시작을 알리고 있었다. 채찍을 치는 사람들이 지나갈 때면 현지인들은 동전을 던져 주었고, 그 사람들은 동전을 주워 주머니에 담았다. 생소한 장면이었다.

"별아, 동전은 무엇 때문에 주는 것일까?"

"그러게요. 저렇게 동전을 담으면 굉장히 많을 것 같아요. 절에 시주하는 것이 아닐까요?"

"왜 그렇게 생각해?"

"부처님 축제이니 절에 다시 시주할 것 같아요."

"엄마 생각에도 개인이 하는 것은 아닐 것 같아."

코끼리 등장은 아름다웠다. 전구들 불빛이 환하게 빛을 발하니 코끼리 형태가 그대로 들어나 보여 아름답게 보였다. 코끼리 모습은 웅장함과 신기함을 동시에 느끼게 해주었다.

어떤 질문을 할 수 있을까

1. 코끼리는 왜 화려하게 꾸몄을까?
2. 많은 동물 중에 왜 코끼리일까?
3. 코끼리가 난동을 부리면 어떡하지?
4. 전구 때문에 코끼리가 뜨겁지는 않을까?

별이와 스리랑카 여행을 하며 많은 것을 보고 느낄 수 있었다. 특히 캔디에서 본 축제는 거리의 화려함과 코끼리의 모습이 멋져서 좋았던 것만은 아니였다. 여행의 추억을 돌아 보니 축제가 시작되기 전에 대화를 나누고 축제의 역사와 이야기를 하면서 토론하던 시간들이 가장 기억에 남았다.

캔디행 버스에서 느낌은 나쁜 기억이었다면 캔디에서 본 에살라 페라헤라 축제는 별이와 대화를 나눈 모든 것들이 생생하게 기억되는 행복한 추억이 되었다. 여행에서 우리는 어떤 대화를 하며 어떤 이야기를 하는지가 여행의 중요한 포인트가 되는 것이다.

여행을 하며 우리가 어떤 말들을 하며 어떤 대화를 나누는지 생각해 볼 필요가 있다. 무심코 하는 이야기나 대화가 일상의 이야기라면 기억에 오래 남을까? 그곳에서 보고 느끼는 것들을 이야기하고 토론을 한다면 우리 기억 속에 오래 남을 것이며, 다시 그때의 추억을 이야기할 때 또 다른 이야기가 만들어질 것이다.

첫 번째 스리랑카 여행 (2017. 7. 29)

★ 첫째 날

공항 도착(새벽 5시 10분) → 버스로 콜롬보포트역 이동(1인당 30루피) → 포트역에서 아
나루다푸라 예매(11시 50분 기차 4시간을 기다려야 함) → 기차역 주변에서 사모사로 아
침 → 포트역 주변 시장 돌아보기 → 교회가 보여 예배 드림 → 기차로 아나루다푸라 이
동(3시간 30분 소요) → 아나루다푸라 도착 툭툭으로 숙소 이동(예약 없이 찾아갔지만 방
이 있어 2박 예약함) → 숙소 짐 풀고 주변 산책 → 로컬식당에서 현지인들과 식사 → 숙소

★ 둘째 날

조식은 숙소 → 툭툭이 기사와 흥정 시티투어 (5시간 소요) → 이수루무니야 사원((긴바지,
긴팔, 신발 보관-입장료 200루피) → 미인탈레(신발 보관, 긴바지, 긴팔옷 착용, 모자는 멋
어야 함-입장료 500)루피) → 점심 피자헛(스리랑카 피자의 궁금함과 에어컨 때문에) → 은
행 환전 → 와인샵에서 라이언 맥주 구입(스리랑카는 술 판매하는 곳이 지정되어 있다) →
식당에서 사모사와 고투를 포장해 와 숙소에서 저녁

★ 셋째 날

아나루다푸라에서 버스로 담불라 이동(버스비 360루피) → 1시간 10분 소요 담불라 도착
→ 시기리아 이동(버스 - 45루피, 40분 소요) → 시기리아 숙소 예약(짐을 풀고 바로 이동)
→ 다시버스로 담불라 이동 → 황금사원(입장료 1,500루피)과 석굴사원 → 담불라 시내로
이동 → 저녁 식사(망고망고에서 사모사와 망고쥬스) → 숙소 이동 → 시기리아 마을 돌아
보기(BBQ 나이트: 작은 PUB, 맥주를 판매한다) → 숙소

★ 넷째 날

시기리아락 올라가기(뜨거운 날씨 때문에 새벽에 -7시 오픈) → 시기리아락으로 이동(숙
소에서 걸어갈 수 있는 거리-입장료 30달러) → 시기리아락에서 내려와 아침을 주변 식
당에서 먹고 버스로 담불라 이동 → 캔디(버스로 이동) → 캔디에서 숙소 찾기 (축제가 시
작이라 숙박이 무척 비싸다) → 작은 호텔을 잡고 짐을 풀고 캔디 시내로 이동 → 불치사
(긴바지, 긴팔, 신발 보관) → 축제를 보기 위해 거리에서 자리를 잡고 앉아 기다림 → 툭
툭이로 숙소 이동

★ 다섯째 날

캔디기차역으로 이동 → 8시 45분 기차(좌석이 없어 5시간 서서가야 한다)로 하프탈렌이동 → 숙소 찾기 → 숙소 예약하고 배고파 동네 유명 롯띠를 찾아 먹음 → 새벽 일출 홍차밭 툭툭 예약 → 숙소

★ 여섯째 날

새벽 툭툭을 이용해 립톤싯 정상 → 일출을 보고 립톤싯을 걸어 내려옴(6km → 엘라행기차타기 (1시간 30분) → 엘라 도착 숙소 찾음 → 칩카페에서 늦은 점심 → 리틀아담스파크 → 나인아치브릿지 → 저녁으로 사모사와 쥬스 → 숙소

★ 일곱 번째 날

너무 피곤해 기차를 포기하고(콜롬보까지 10시간을 입석으로 가야 함) 택시로 이동하기로 함. 택시는 4시간 소요, 한국 돈으로 120,000원 → 택시로 콜롬보 예약한 한인 숙소로 이동 → 숙소 도착해 짐을 풀고 켈라니야 불교사원 이동 → 숙소

★ 여덟째 날

숙소에서 아침 → 강가라마야 사원 → 인공호수 → 피자헛에서 점심 → 쇼핑몰에서 쇼핑 → 숙소 도착해 공항으로 이동 → 입국

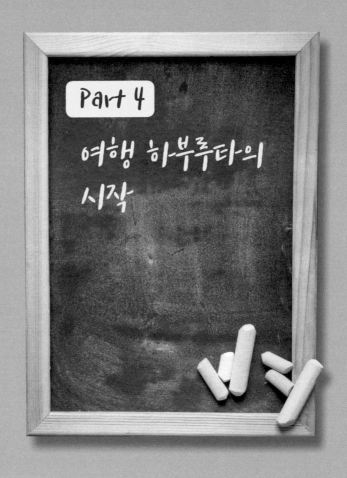

Part 4

여행 하부루타의
시작

대부분 사람들에게 여행지에서 생긴 일들은 기억 속에 오래 간직되어 있다. 여행 하브루타는 여행지에서 보고 느끼는 것들을 이야기 나누며 대화하고 토론하여 또 다른 텍스트가 된다.

여행 하브루타는 생동감이 넘치며 직접 보고 대화할 수 있다는 장점이 있다. 대화를 나누는 사람들은 일행일 수도 있고, 여행지에서 만난 여행자일 수도 있다. 낯선 사람과 이야기를 나누는 새로운 경험을 할 수 있다.

여행을 떠나 보자.

눈으로 보고 가슴으로 느끼는 생동감 넘치는 하브루타를 경험해 보자.

1
더 넓은 곳으로

포근한 봄날 우연히 한 장의 사진을 보았고, 그 사진 속 풍경이 나를 스리랑카로 이끌었다.

스리랑카는 인도의 눈물이라는 말이 있다. 한국에서 직항이 생겨 9시간 비행하는 거리였다. 별이와 함께 떠난 스리랑카는 가고 싶은 곳을 다 보지 못해 아쉬웠고, 2018년 여름에 고향 친구와 2번째 여행을 가게 되었다.

시기리아로 향하는 버스를 탔다. 복잡한 버스를 타니 현지인들이 눈인사를 한다. 눈웃음은 정겨워 보였다. 우리는 버스에서 창밖을 보며 이야기를 하였다.

시기리아를 보기 전 피두랑갈라를 먼저 가보기로 하였다. 피두랑갈라는 먼 곳에서 시기리아 전체를 바라볼 수 있는 곳이다. 길은 험하고 힘들었지만 넓은 바위 위에서 시기리아를 바라보는 느낌은 그 시절을 회상할 수 있는 좋은 시간이었다.

많은 외국인들이 함께였다. 모두 서양인들이였지만 삼삼오오 모여 모두 바라보는 곳은 시기리아락이었다. 같은 곳을 바라보는 낯선 사람들 그들의 마음은 비슷한 마음이 아닐까? 나 또한 시기리아락을 바라보며 어떻게 저렇게 바위가 생길 수 있으며 그 바위로 도망가 왕궁을 짓고 살아갈 수 있었는지 상상하게 되는 것이다.

피두랑갈라에서 내려와 저녁을 먹기 위해 사모사를 먹으러 식당으로 이동하였다. 사모사는 삼각형 모양에 안에는 커리가 들어 있는 아주 맛난 음식이었다. 여행을 가면 현지음식을 잘 먹지 못하는 편인데 사모사는 너무 맛있어 많이 먹게 된다.

"스리랑카 첫날 느낌이 어때?"

"생각보다 날씨는 덥지만 사람들이 친절하고 피두랑갈라를 보고 시기리아락을 보니 스리랑카 역사 속에 들어 온 듯 신비로운 느낌이야. 스리랑카는 우리가 살고 있는 현대보다는 아직은 자연이 더 아름답게 느껴지는 아름다운 나라 같아."

"너도 그렇게 생각했구나. 보면 볼수록 매력이 넘치는 나라 같아. 앞으로 더 좋아하게 될 거야."

친구와 스리랑카에 대해 이런저런 이야기를 하며 잠이 들었다. 여행의 피곤함도 여행지에서는 행복으로 느껴질 만큼 즐거운 시간이다. 이런 즐거움을 대화로 나누며 서로의 느낌 점을 생생하게 하브루타 할 수 있다면 여행은 더욱 값진 시간이 된다.

더 넓은 세상으로 나아가 생생한 현장에서 이야기하고 대화를 나누며 자신의 생각을 나눌 수 있는 하브루타를 해보자. 더 넓은 세상을 보고 싶은 마음이 간절하고 그 마음이 여러 나라를 여행할 수 있는 힘을 주는 것 같다.

2
하브루타 여행지도

여행을 떠나기 전에 많은 준비가 필요하다. 어느 나라를 갈 것인지, 누구와 함께 갈 것인지, 일정은 어떻게 해야 할지, 그 나라의 역사는 어떤지 등을 생각하며 준비한다. 나는 혼자 떠나기를 좋아하는 편이라 그 나라의 역사책을 읽고 직접 셀프가이드북을 만든다. 공부를 하고 가면 더 많은 것이 보이기 때문이다.

스리랑카의 첫 번째 여행은 별이와 함께 다녀왔고, 두 번째는 친구와 다녀왔다. 친구는 처음 가는 나라라 많은 곳을 가고 싶어했지만 두 번째 가는 나는 가보지 못했던 곳을 가고 싶었다. 서로 입장이 다르기 때문에 말하기도 조심스러웠으며 괜히 함께 가자고 했나 후회하기도 했다. 그렇지만 일단 함께 가기로 약속을 하였으니 일정을 조율하기로 하였다.

"상귀야, 어디를 가장 가고 싶니?"

"나는 시기리아와 엘라, 캔디, 누와라엘리야를 가보고 싶어. 하지만 너는 다 가봤을 테니 알아서 일정을 만들어봐."

"괜찮아. 두 번 보면 또 다른 느낌이 들겠지. 하지만 바닷가 쪽 히카두아와 갈레는 가보고 싶어."

"그래. 그럼 서로 가보고 싶은 곳을 정하면 좋을 것 같아."

"그렇게 하면 좋을 것 같으네. 시기리아락은 두 번을 봐도 좋을 것 같아."

"나 때문에 두 번 가는 거네?"

"괜찮아. 너무 신기한 바위니 두 번을 봐도 좋아. 시기리아락에 대해 알아보고 가면 도움이 될 거야. 내가 이야기해 주는 것보다."

"그럴게. 검색해 보면 많은 정보들이 있을 거야."

"그래. 나도 블로그를 찾아보며 공부하고 갔었어."

"다음은 어디를 가면 좋을까?"

"미숙아, 엘라 다녀왔지?" 친구는 미안한 듯 말을 한다.

"응. 엘라는 작은 마을인데 꼭 서양인들 거리 같아. 무척 많이 오더라"

"엘라에 리틀아담스와 나인아치브릿지가 가보고 싶은데, 어쩌지?"

"작은 마을이라 두 번 가는 것은 별 의미 없다고 생각했는데, 가보고싶으면 가야지. 거기도 가보자."

"나인아치브릿지는 기차가 지나갈 때 무척 아름답다고 하던데?"

"응. 시간표를 보고 가야해. 그래야 기차가 지나가는 것을 볼 수 있어. 기차가 지나갈 때 위에서 사진을 찍었는데 아름다웠어."

"식민지 시절에 만들어졌다고 하던데 튼튼해 보였어?"

두 번째 스리랑카 여행 (2018. 8,4)

★ 첫째 날
새벽 4시 20분 콜롬보 공항 도착 → 버스로 콜롬보 터미널 도착 → 담불러 도착 → 시기리아 도착 → 호텔 체크인 → 호텔에서 시기리아락이 보인다. 시기리아락이 보이는 수영장에서 한가로운 시간을 보냄 →시기리아를 볼 수 있는 피두간둘라 툭툭이로 이동 →피두랑갈라 (시기리아락 전체를 한눈에 볼 수 있는 장소, 입장료 500루피) → 호텔

★ 둘째 날
새벽 5시 30분 기상 → 시기리아 락 → 담불라(황금사원, 석굴사원) → 담불라 시내로 이동 → 늦은 점심(롯띠와 사모사 커피) → 담불라 시장에서 과일 쇼핑 → 호텔 마사지 → 호텔 수영, 저녁 → 취침

★ 셋째 날
체크 아웃 → 담불라 시내 → 캔디행 버스 승차 → 캔디에서 누와라엘리아 버스 승차(기차를 타고 싶었는데 시간이 맞지 않아 누와라엘리아로 바로 이동) → 누와라엘리아 도착 → 숙소를 찾아 짐을 풀고 누와라엘리아 시내 구경 → 늦은 점심(피자헛) → 숙소에서 호튼 플레이스 이동수단 예약(뚝뚝이) 대여료 3,500루피 → 취침

★ 넷째 날
새벽 4시 출발 호튼 플레이스 → 호튼플레이스(세상의 끝, 입장료 120,000루피) → 툭툭이로 숙소 도착 → 그랜드호텔 에프터눈 티(2인 3,000루피) → 버스로 이동 맥우드 티 팩토리(버스비– 80루피) → 숙소 도착 → 집주인 캐빈과 PUB에서 라이언맥주 (외국인 친구와 캐빈의 친구도 동행) → 취침

★ 다섯째 날
7시 30분 버스를 타고 엘라로 출발 → 엘라(2시간 소요) → 숙소를 찾아 짐을 풀고 엘라 락으로 출발 → 엘라 락 → 나인아치브릿지 → 카페에서 저녁 → 숙소

★ 여섯째 날

7시 10분 버스 갈레 출발 → 6시간 이동하여 갈레 도착 → 히카두아 이동(버스) → 숙소 → 히카두아 시내와 해변 산책 → 스리랑카 믹스라이스와 맥주 저녁 → 숙소

★ 일곱 번째 날

히카두아 시내 → 골(버스로 이동) → 골 재래시장 구경 → 갈레 → 갈레포트 → 갈레포트 골목 투어 → 재래시장 쇼핑 → 히카두아 시내 → 저녁(믹스라이스와 맥주) → 숙소

★ 여덟째 날

호텔 조식 → 히카두아 해변에서 수영 → 버스를 타고 콜롬보 이동 → 공항

"무척 튼튼해 보였어. 오래된 느낌이지만 다리 자체가 아치형이라 아름다워. 어떻게 그 옛날에 그렇게 만들었는지 신기하더라. 9개의 아치가 멋지게 서 있어."

"사진에서는 보았지만 직접 본다면 더 감동일 것 같아."

"맞아. 사진과 실물은 완전 다른 느낌이니까."

"엘라에서 누와라엘리아로 넘어가면 될 것 같은데, 어때?"

"응. 그렇게 하면 코스가 맞을 것 같아. 하지만 누와라엘리아까지 기차를 타고 가면 좋은데 기차를 탈 수 있을지 모르겠다. 여름엔 서양인들이 많이 오기 때문에 사람들이 많았어. 첫 번째 여행 왔을 때는 캔디에서 하프탈렌으로 가는 기차는 7시간을 서서 갔었는데 너무 힘들었어. 하지만 세상에서 가장 아름다운 기차길을 볼 수 있어 행복했었어."

"세상에서 가장 아름다운 기차길?"

"스리랑카 기차는 파란색, 빨간색으로 색이 칠해져 있어. 기차가 지나갈 때 그 색들이 옆으로 스쳐지나가는 자연과 잘 어우러져 무척 아름답게 보여. 특히 홍차밭을 지날 때 짙은 초록색과 너무나 잘 어루러져서 아름답다고 이야기를 한단다."

"사진을 보기는 했는데 그렇게 아름다워?"

"직접 보면 너도 많이 놀라울 거야. 그리고 기차가 무척 느리게 가는 편이라 주변 경치를 자세히 볼 수도 있어."

"느리게 가면 답답할 것 같아. 우리나라 기차는 무척 빠르잖아."

"그렇게 생각할 수 있는데 나는 느린 스리랑카 기차가 참 좋더라. 느리기 때문에 주변 경치를 보며 감상할 수 있고 아름답다고 생각할 수 있

어떤 질문을 할 수 있을까

1. 기차 목적지는 어디일까?

2. 기차는 왜 파란색일까?

3. 기차는 얼마나 빠를까?

4. 이 사진은 어떻게 찍었을까?

6. 저 사람들은 어떻게 올라간 것일까?

7. 기차 안에는 얼마나 많은 사람들이 타고 있을까?

나인아치 브릿지 위를 달리는 기차

는 것 같아."

"나는 기차가 느리면 답답할 것 같아. 서울에서 부산갈 때도 KTX를 타야 마음이 편하거든."

"스리랑카는 바쁘게 움직일 필요가 없는 나라이기도 하지만 여행은 모든 것을 다 본다는 욕심보다는 천천히 음미하며 그곳을 즐기며 여유로운 여행을 하는 것이 좋다고 생각해."

"그렇기는 하지만 서서 오래가야 하는데 느리면 더 힘들잖아."

"다리도 아프고 힘들기는 하지. 그렇지만 힘든 건 눈이 호강이니 참을 만 했어."

"그렇게도 생각할 수 있구나. 직접 기차를 타보면 너와 비슷한 생각을 할지는 모르겠지만 나는 빠른 게 좋더라."

"너의 생각도 존중해. 빠름을 좋아하면 느린 것에 대해 답답하고 힘들다 생각할 수 있어. 직접 경험해 보고 다음에 이 부분에 대해 더 이야기해보자."

친구와 일정을 이야기하며 많은 이야기를 주고받고 서로의 의견을 이야기하였다. 걱정했던 것과는 달리 친구와 서로 배려하며 일정을 정했고 내 의견에 대해 토론하는 친구의 태도도 좋았다. 만약 친구가 자신이 가고 싶은 곳만 고집했다면 함께 여행가기 힘들었을 테고, 혹 여행을 갔다면 힘든 여행이 되었을 것이다. 여행을 준비하는 과정은 무척 중요하다. 어떤 여행을 될지는 준비하는 과정에서 드러나는 법이다. 여행은 얼마나 준비하느냐에 따라 많은 것이 달라진다.

별이와 여행을 떠날 때는 아이에게 물어본 적이 없다. 그때는 하브루타를 알지 못했기 때문이다. 어떤 나라를 갈 것인지, 그 나라가 어떠한지 혼자 결정하고 혼자 공부하며 아이에게는 알려주기만 했다. 별이 입장에서 생각하지 않고 아이의 의견을 묻지 않았다. 여행에 대해 충분히 이야기하고 토론을 하였다면 아이에게 더 좋은 여행이 되었을 텐데 말이다.

캠핑을 좋아하는 한 가정이 있다. 이들은 매주 금요일이면 캠핑장으로 출발한다. 부모가 캠핑을 통해 아이들에게 추억을 만들어 주고 싶은 마음이 크기 때문이다.

그런데 이 부모들은 아이에게 질문해 보았을까?

"캠핑장을 가려고 하는데 이번 주는 어디로 갈까?"

"이번 주도 캠핑 갈까? 너희들 생각은 어떠니?"

불행히도 이 부모는 아이들에게 이런 질문을 한 번도 한 적이 없다고 한다.

캠핑도 여행과 마찬가지다. 가족과 회의를 하고 다음 주는 어디로 캠핑을 갈 것인지, 어디로 여행을 갈 것인지 대화하고 토론하며 하브루타 여행지도를 만들어 보자.

여행지도는 혼자 만들 수 있는 것이 아니다. 여행을 함께 떠나는 일행과 가족과 함께 이야기 나누며 대화하고 토론하여 만들어야 한다. 좋은 추억을 만들고 행복한 시간을 만들기 위해서는 함께 대화를 나누며 함께 결정하는 것이 최선이다.

3
목적 있는 여행이 아름답다

그리스 신화는 올림푸스 산에 사는 신들의 이야기다. 우라노스는 가이아와 결혼하여 여러 신들을 탄생시켰으며 그중 크로노스가 아버지인 우라노스에게 싸움을 걸어 승리해 아버지에게 이긴 우라노스는 패권을 장악하였다. 크로노스는 우라노스의 성기를 잘라 바다에 던져 거품이 생겼다. 그 거품으로 탄생한 신이 미의 여신 아포로디테이다.

레아와 결혼한 크로노스는 자신이 아버지를 죽인 것처럼 자신의 자식들도 자기를 죽일 것 같아 태어난 아이들을 차례로 먹었다. 크로노스는 막내 아들 제우스를 먹지 못했다. 레아가 자신의 자식을 먹는 것을 보고 크로노스에게 제우스 대신 바위를 먹인 것이다.

제우스는 성장하여 메티스와 결혼했으며 메티스는 크로노스에게 토하는 약을 먹여 토하게 하여 다른 자식들을 토하도록 했다. 제우스는 원래의 누나 형들인 헤라, 포세이돈, 하데스, 헤스티아, 데메테르를 얻었다.

제우스는 다른 형제와 함께 티탄족들과 싸움에서 승리해 제우스는 하늘, 포세이돈은 바다, 하데스는 땅 아래 땅을 공동으로 관리하는 것으로 나누어 가졌다.

제우스는 자신의 아버지처럼 자신의 아들이 태어나면 자신보다 강해질 것을 두려워해 메티스가 임신한 것을 알고 그대로 먹어버렸다. 메티스는 죽었으며 그 안에서 아테나가 제우스의 머릿속에서 자랐다.

제우스가 머리가 너무 아파해 헤파이도스가 깨 열어 보았더니 무장한 아테나가 나왔다.

"별아, 엄마와 그리스 여행 갈래?"

"엄마는 그리스 여행을 왜 가려고 하세요?"

"그리스 신화 이야기를 읽다 보니 가보고 싶었어. 역사도 궁금하잖아."

"저도 그리스 신화 재미있게 읽었어요. 제가 제일 좋아하는 신은 아폴론이예요."

"크로노스가 제우스로 착각해 삼킨 돌멩이를 다시 토해냈는데 그 바위 이름이 옴파로스라고 하더라. 지금도 델피에 보관되어 있다고 하니 보고 싶어."

"그리스 사람들은 자신의 나라가 세계의 중심이라고 생각했대요."

"엄마도 그렇게 들었어. 그리고 소크라테스가 젊은 친구들과 이야기를 나눈 거리에서 별이와 이야기도 하고 싶단다."

"그럼 그리스로 가야겠네요."

별이와 이야기를 나누고 여행계획을 만들었다. 그리스 여행의 목적은 신화 속에 나오는 이야기를 찾아 보고 그리스 역사를 둘러보며 소크라테스를 찾는 것으로 계획했다.

여행은 보통 자유여행과 패키지 형태의 여행이 있다. 목적을 두고 떠나는 여행이 있으며 목적 없이 떠나는 여행도 있다. 자유여행을 계획하는 이들도 목적을 가지고 가지만 그러지 않은 경우도 있다. 여행에 목적을 두는 것은 낯선 곳에서 길을 잃고 헤매일 때 사용하는 나침판과 같다. 여행에 목적을 만들어 계획을 세우고 떠난다면 여행지에서 느끼는 즐거움은 배가 될 것이다.

여행지 선택은 어떤 기준으로 하는 것이 좋을까?

대부분 가보고 싶은 곳을 선택할 것이다. 그렇다면 왜 가고 싶은지 스스로에게 질문을 던질 수 있어야 한다. 동행이 있다면 서로에게 '왜 그 곳을 가고 싶은지' 대화를 나누며 결정을 하는 것이 좋다.

"미숙아, 우리 독일로 여행가면 어때?"

"독일?"

"응, 아름다운 나라잖아."

"가고 싶은 이유가 아름답기 때문이야?"

"꼭 그런 것은 아닌데 유럽쪽 여행을 하고싶기도 하고."

친구가 독일을 여행하고 싶다며 같이 가기를 청했다. 독일은 한 번 다녀온 적이 있지만 패키지 여행이었기 때문에 나 또한 다시 가고 싶었다.

"민정아, 우리 독일에 대해 잠깐 공부해 볼까? 그럼 우리가 독일을 여행할 목적이 생기지 않을까?"

"어떤 공부를 하자는 거야?"

"독일 역사에 대해 공부 하다보면 어떤 곳에 가고 싶고 어디를 더 자세히 보아야 할지 알 수 있을 것 같아."

"그래. 그럼 역사를 책으로 공부해야 할까?"

"책을 읽으면 좋겠지만 요즘 유튜브도 잘 만들어져 있기 때문에 그중 하나를 봐도 좋을 것 같아."

"그러자. 그럼 공부를 해보고 독일 여행 일정을 만들어 보도록 하자."

혼자 여행을 가는 경우라면 목적을 만들기 편하다. 나는 여행을 가는 모든 사람들에게 셀프가이드북을 만들 것을 권한다. 셀프가이드북은 여행을 왜 가야 하는지, 어떤 여행을 하고 싶은지, 어디를 보아야 하고 어디를 가야할지를 생각하며 만들기 때문에 여행지에서 실질적인 도움이 된다. 물론 그 나라의 정보가 수록되어 있어야 한다. 심지어 어디에서 버스를 타고 어디에서 하차를 하면 될지까지 정리해야 아주 유용한 가이드북이 된다.

패키지 여행을 간다 해도 마찬가지다. 여행을 가기 전에 그 나라에 대한 정보를 알아가고 간다면 가이드 이야기가 더욱 이해가 될 것이며 다른 사람들보다 더 많은 것을 볼 수 있을 것이다. 예를 들어 독일의 건축 양식이 바로코 양식이라는 것을 알고 간다면 독일 집들이 더 자세히 눈에 들어올 것이다.

독일을 처음 여행할 때 가이드는 버스에서 한참 독일의 역사에 대해 이야기 해주었다. 그런데 당시에는 독일에 대해 알지 못한 채 갔기 때문에 이야기가 재미가 없었다. 독일에 대해 알고 갔다면 가이드의 이야기에 더 흥미를 느꼈을 것이며 독일인들의 삶과 역사에 흥미를 가졌을 것이다.

우리는 여행을 가기 위해 많은 시간과 돈을 투자한다. 그런데 목적도 없이 남들이 가는 여행이니까 나도 가볼까 하는 생각으로 떠난다면 안타깝기 그지없다.

목적을 가지고 떠나는 여행은 아름답다. 목적을 따라 여행을 하다 보면 여행을 왜 하는지 알 수 있을 것이다.

4
아는 만큼 보이는 것

리스본 거리를 얼마나 걸었는지 모르겠다. 태양은 뜨거워 땀이 비오듯 흐른다. 걷고 또 걸었다. 리스본은 거리 자체가 예술이다. 트램을 타고 이동해도 되지만 무작정 걷고 싶었다. 거리의 사람들의 모습을 보고 싶었고, 상점들과 트램을 타고 오가는 사람들의 모습도 보고 싶었다.

다리가 너무 아파 트램 정류장 의자에 잠시 앉아 쉬고 있었다.

"어디를 찾고 있니?"

나이 든 중년 남자분이 나의 모습이 안타까운지 말을 걸어온다.

"거리가 좋아 그냥 걷고 있어요."

웃으며 대답을 하니 중년 남자는 크게 웃으며 말을 한다.

"리스본은 처음이야?"

"처음인데 거리가 무척 아름다워요."

"리스본은 언덕이 많은 도시지. 28번 트램을 타보는 것이 좋아."

포르투갈 리스본 거리(28번 트램)

<u>어떤 질문을 할 수 있을까</u>

1. 정류장에는 왜 사람들이 없을까?

2. 트램은 얼마나 빨리 달릴 수 있을까?

3. 28번 숫자는 무엇을 의미할까?

4. 우리나라에도 트램이 있다면 사람들이 좋아할까?

5. 트램은 어떻게 움직이는 것일까?

6. 트램과 기차는 어떻게 다를까?

"내일은 28번 트램을 타고 거리 구경을 할까 생각하고 있어요."

"벨렝탑과 리스보아 대성당은 꼭 가보면 좋은 곳이야."

"고마워요."

남자와 인사를 나누고 다시 걷기 시작하였다. 포르투갈 여행을 준비하며 많은 곳을 보고싶어 셀프가이드북에 가득 정보를 담아 왔다.

포르투에서 2박을 하고 리스본에 도착해 보니 관광지를 다니는 것도 좋지만 거리 카페에 앉아 여유로운 시간을 보내는 것 또한 즐거울 거라는 생각이 들었다.

낮 시간 동안 트램을 타고 여러 곳을 다녔다. 지치고 힘들어 숙소에 들어갈 힘이 없어 숙소 근처 거리카페에 앉아 맥주를 주문했다.

어둠이 내리기 시작하니 거리를 거니는 사람들이 더 많아졌다. 우리나라처럼 사람들이 삼삼오오 짝을 지어 걷기도 하고 혼자 걷는 사람도 있다. 거리카페에 앉아 맥주를 마시며 이야기하는 사람들, 노래를 부르는 어여쁜 여자의 목소리도 들려오는 평화로운 거리의 풍경이었다.

리스본 밤 거리는 자동차 불빛에 비치는 건물들이 웅장하게 보였다. 여행을 다니며 보고자 하는 일정에 따라 움직이다 보니 여유로운 시간이 부족할 때가 많았다. 리스본에서 가지는 여유로움이 더욱 행복한 기분을 느끼게 한다. 지금 있는 곳이 마치 집 근처의 거리처럼 느껴지는 포근함이 좋다. 거리에서 느껴지는 사람들의 모습과 리스본 거리의 모든 것들이 나의 마음속에 들어온다. 리스본은 거리의 모습이 가장 많이 생각날 것 같다.

숙소 주인이 소개해준 맥주집이 있었다. 전통이 108년된 맥주집이다.

예전에는 수도사들이 살았다고 하는데 맥주집으로 변신하여 인기가 높으며 맛도 좋다고 한다.

리스보아 대성당을 보고 돌아오는 길에 맥주집을 찾아 갔다. 일하는 분들의 의상이 수도사 복장이라 처음에는 맥주집이 아니라고 생각했다. 안내해주는 테이블에 앉으니 빵과 치즈 그리고 메뉴판을 보여준다. 이곳은 흑맥주가 유명하다고 하기에 흑맥주를 주문하였고 야채튀김을 주문했다.

빵과 치즈를 함께 맥주와 함께 먹으며 식당안을 돌아 보았다. 사람들이 각자의 모습으로 식당에 앉아 음식을 먹고 마시고 있었다. 어디를 가도 사람들 살아가는 모습은 비슷한 듯하다. 사람의 모습만 다를 뿐이다. 식당을 나와 숙소를 찾아 걸어가며 사람들과 인사를 나누었다. 동양인 여행자의 모습에 리스본 사람들은 친절하게 인사를 나누어 주었다.

리스본에서 기차를 타고 신트라를 가기 위해 원데이 티켓을 구매해 움직였다. 신트라는 리스본에서 45분 정도 이동하면 되는 곳이다. 신트라에는 무어성과 페나성을 볼 수 있다. 아름다운 벼랑마을 아제냐스를 가기 위해 신트라에서 버스를 타고 다시 이동하였다.

무어성과 페나성은 포르투갈의 역사를 알 수 있는 성이다. 여행자들이 몰려들어 복잡하고 시간이 많이 소요된다. 두 성을 눈으로 담고 다시 버스를 타고 숙소주인이 소개해준 아제냐스 마을을 향하였다.

버스가 코너를 돌아가니 기사가 손으로 가르킨다. "저기를 봐." 기사의 손끝을 바라보니 벼랑 위의 하얀마을이 보인다. 하얀집들이 겹겹이 모여 마을을 이루고 있는 아제냐스는 하얀나비들이 모여 있는 형상이었다. 버스에서 내려 마을가까이 다가가니 마을 아래는 에메랄드빛을 내는 바다가 큰 파도를 일으키며 벼랑을 치며 지나가기를 반복하고 있었다. 저녁이 되면 야경이 더 예쁘다는 이 마을은 사람들의 휴양지였다.

하룻밤 이곳에서 쉬어 가고 싶다는 생각이 들었지만 내일은 한국을 돌아가야 하기 때문에 그럴 수가 없었다. 다음에 또 리스본을 온다면 꼭 쉬어가고 싶은 곳이다.

바닷가에 앉아 저녁이 되기를 기다렸다. 맥주 한 잔을 하며 바닷가에서 수영하는 사람들 모습을 본다. 해가 지고 마을에는 불이 켜지기 시작하였다. 야경이 아름답다고 하더니 정말 환상적이었다. 반딧불이 켜지며 날아다니듯 마을은 불빛을 빛내며 바다를 비추고 있었다. 마지막 버스를 타고 아제냐스를 뒤로하고 리스본으로 돌아가는 나의 발걸음은 편안한 휴식을 취한 듯 가벼웠다.

여행을 하는 우리의 눈에는 무엇이 보일까? 내가 경험해보지 못한 것들은 강한 인상을 남기며 우리에게 다가오고 처음 보는 것들은 신기한 마음으로 바라본다.

세상은 넓지만 살아가는 모습은 비슷하거나 같아 보인다. 하지만 조금 더 가까이 그들의 삶을 바라본다면 분명 우리와 다른 관습이나 풍습이 있다. 여행은 먼 곳에서 바라보는 것이 아니라 가까이 다가가 그들과 함께 느껴보는 것이다. 아는 만큼 보이고 보이는 만큼 느낀다는 것은 여행에 가장 잘 맞는 말인 것 같다.

공항으로 가기 위해 택시를 탔다.

"당신 나라로 돌아가나요?" 택시 기사가 묻는다.

"네, 한국으로 돌아가는 길입니다."

"여행이 즐거우셨나요?"

"네, 아주 즐겁고 행복한 여행이였습니다."

"포르투갈이 당신에게 어떤 느낌을 들게 했나요?"

"포르투갈은 저에게 자유롭고 신비로운 느낌을 주었어요. 한마디로 집
시여인이 된 같은 느낌이였답니다."

"오…, 자유로움을 느끼고 돌아가는 군요. 다음에 포르투갈을 다시 오
면 또 다른 느낌일 겁니다."

"그럴지도 모르겠어요. 여행은 그때 그때 느낌이 다르니까요."

포르투갈 리스본 (제로니모스 수도원)

어떤 질문을 할 수 있을까

1. 지붕은 왜 모두 같은 색을 칠했을까?

2. 가운데 분수는 왜 물 움직임이 없을까?

3. 수도원은 누가 만들었을까?

4. 수도원은 다른 건물들과 왜 다르게 지어졌을까?

5. 수도원 주변에는 왜 정원이 만들어져 있을까?

6. 왜 수도원을 복잡한 도시 한가운데 만들었을까?

포르투갈 여행 (2016. 7. 31)

★ 첫째 날
새벽 1시 30분 포르투 공항 도착 → 숙소 이동(택시) → 숙소 도착(늦은 시간이라 문을 열어주지 않았다. 에어비엔비 예약을 하고 늦게 도착한다는 메일도 보냈는데 사람이 없는지 문을 열어주지 않아 무거운 배낭을 메고 포르투 새벽거리를 걸어다니다 작은 호텔이 보여 투숙)

★ 둘째 날
숙소에서 조식 후 2일 연장 → 상벤투역 → 포르투 대성당 → 클레라구스성당 및 탑(1인당 3유로) → 렐루서점(헤르포타 움직이는 계단을 렐루서점을 보고 만들었다고 함) → 카르무성당(입장료 4유로) → 리베르다드광장 → 늦은 점심(동루이스다리 근처 카페에서 빵과 맥주) → 동루이스다리(야경까지) → 마제스틱 카페(세상에서 가장 라름다운 카페 6위, 조엔롤링이 헤리포터의 첫 시리즈를 여기서 지필하여 더 유명해진 카페 → 호텔

★ 셋째 날
호텔 조식 → 상벤투역에서 → 이베이루 기차역 → 이베이루 대성당 →이베이루 운하 → 이베이루에서 버스를 타고 코스트노바로 이동 → 점심(빵과 맥주) → 코스타노바 줄무늬 마을 → 기차로 포르투 이동 → 불량시장(옷 구입) → 동루이스다리 야경 → 저녁 포르투에서 골목 거리 카페 → 호텔

★ 넷째 날
호텔 조식 → 택시로 고속버스터미널로 이동 → 리스본 가는 버스 탑승(3시간 30분 소요) → 리스본 고속버스터미널에서 전철 타고 숙소로 이동 → 벨라리스보아 한인숙소 → 로컬 식당에서 점심 → 도보로 상조르제성 → 그라시아 전망대 → 28번 트램 타고 골목 여행 → 숙소

★ 다섯째 날
숙소에서 한국식 아침 → 산타루치아 전망대 → 리스보아 대성당 → 상조르제 성 →
그라사 전망대 → 산투 안토코니우 성당 → 숙소

★ 여섯째 날
숙소에서 조식 → 코메르시우 광장 → 아우구스타 거리 → 산타주스타 엘리베이트 →
피퀘이라 광장 → 상 페드로알칸타라 전망대(아센소르다 글로리아 타고 전망대를 올
라가면 더 운치있고 좋다) → 거리 카페에서 저녁 → 숙소

★ 일곱 번째 날
숙소에서 아침 → 15번 트램을 타고 제로니무스 수도원 → 발견기념비 → 벨렝탑(테
주강의 귀부인) → 벨렝탑 야외 카페에서 점심(빵과 맥주) → 걸어 리스보아 돌아 다
니기 → 리스보아 시장 둘러보기 →저녁 108년 되었다는 맥주집에서 저녁 → 숙소

★ 여덟째 날
기차역에서 신트라 이동(45분 소요) → 신트라역(434 셔틀버스로 이동), 뜨라베쎄이
루 사먹기 → 무어성 → 페나성 및 정원 → 헤갈레이라의 별장 → 몬세라트 → 기차
로 리스본 이동 → 숙소

★ 여행 아홉째 날
다시 기차역에서 신트라 이동 → 유럽의 서쪽 끝 호카곶 → 아제냐스 두마르행 441번
버스 타고 이제냐스 마을로 이동 → 하얀 절벽마을 아제냐스 마을 → 버스로 기차역
도착 → 리스본 도착 → 108년 맥주집에서 저녁 → 숙소

★ 열 번째 날
아침 일찍 공항

5
경험으로 성장하는 아이

현장체험학습 가는 날, 아이들은 신이 난다. 아이들은 직접 보고 만지고 듣는 것으로 많은 성장을 한다. 여행도 마찬가지다.

"얘들아, 내일은 선생님과 딸기밭에 가는 날이에요"

아이들은 개구리가 봄을 느끼며 뛰어다니듯 즐거워한다.

"딸기를 먹어보았지요. 맛이 어때요?"

체험학습을 가기 전에 아이들과 딸기에 대하여 이야기를 나누고 딸기의 성장과정을 알아보았다.

딸기 비닐하우스 안은 한여름처럼 덥지만 아이들은 딸기의 생김새, 딸기 잎 모양, 딸기 꽃 등에 관심을 가지고 관찰하며 친구들과 딸기에 대하여 대화를 나눈다. 아이들은 딸기를 보고 친구들에게 질문하며 서로의 생각을 나누며 즐거운 시간을 보낸다.

체험학습을 다녀오면 아이들과 딸기에 대한 경험을 이야기 나누며 그림으로 딸기에 대해 표현하도록 한다. 아이들의 그림은 딸기를 경험하기 전과 경험하고 난 후에 차이가 있다. 딸기의 잎과 딸기모양 등을 자세히 표현하는 것이 기특하다.

별이와 여행을 갈 때 아이에게 어떤 경험을 해줄 수 있을까를 고민하는 일이 많아졌다. 여행지에서의 경험으로 아이는 많은 성장을 한다. 특히 해외에서는 우리와 다른 사람들을 만나 더욱 새로운 경험을 할 수 있다. 미얀마 바간에서 트래킹을 선택한 이유도 별이에게 색다른 경험을 시켜주고 싶은 부모의 마음이었다.

"별아, 미얀마에서 트래킹을 하려고 하는데 괜찮을까?"

"얼마를 걸어야 해요?"

"2박 3일이야. 걸을 수 있을까?"

"하하, 저는 괜찮은데 엄마는 괜찮아요?"

"엄마는 걷는 거 좋아하잖아. 별이가 힘들까봐 걱정이지."

"저도 괜찮아요. 좋은 경험이 될 것 같아 기대되요."

트래킹은 산으로 가는 길이 대부분이어서 산에서 살고 있는 사람들, 농사를 짓는 사람들과 산속마을 풍경들을 볼 수 있었다. 날씨도 더워 걷기는 힘든 여정이었다. 한참을 걷고 있을 때 물소의 무리가 지나간다. 물소는 처음 본다. 큰 뿔을 하고 있는 물소는 우리가 알고 있는 소의 생김새와는 완전히 다른 모습이다. 껄로에서 산으로 넘어가는 곳은 우리나라 숲 과는 많이 다른 모습이다. 평지가 많은 편이고, 평지에는 대부분 베트남고추 같은 작은 고추를 경작하고 있었다. 그림 같이 펼쳐진 빨간 고추밭의 아름다운 풍경 아래 농부들은 땀을 흘리며 일에 열중하고 있었다.

저녁이 되어가니 마을에 도착하였다. 얼마나 깊은 산으로 왔는지 모르겠다. 마을에 도착하니 묵을 숙소를 안내해 주었다. 노인 두 분이 사는 집이었다. 방에는 다른 가구는 없이 이불을 담는 큰 나무 상자만 있었다.

"저녁식사하세요."

가이드가 우리를 부른다. 현지인들이 먹는 밥상이라고 한다. 우리나라와 다른 음식 상차림이었다. 어떻게 먹어야 할지 가이드가 하나하나 알려준다. 기름진 음식들이 많은 편이며 다른 동남아와 비슷한 음식들이 대부분이었다. 별이는 어떤 음식이라도 잘 먹는 편이지만 입이 까다로운 나는 밥을 잘 먹지 못했다.

저녁을 먹고 우리는 마을 산책을 나갔다. 이 산속 마을은 전기가 들어오지 않아서인지 마당에 모닥불을 피워놓고 삼삼오오 모여 이야기를 나누고 있었다.

어떤 질문을 할 수 있을까

1. 한 아이의 코에 하얀 칠은 무엇일까?
2. 두 사람은 친구일까?
3. 다른 아이들은 어디로 갔을까?
4. 왜 한 아이는 웃고 다른 아이는 화가 난 표정일까?
5. 아이들은 무슨 생각을 하며 사진을 찍을까?
6. 긴 팔옷을 입고 있는데 겨울일까?
7. 사진을 찍은 장소는 어디일까?

미얀마 껄로에서 인레호수까지 트래킹에서 만난 아이들

미얀마 인레호수에서

별이는 마을 꼬마들과 공 하나를 두고 놀이를 하고 있었다. 다른 삶을 사는 아이들인데 저렇게 잘 놀까?

"엄마 아이들이 너무 귀여워요. 자꾸 축구를 가르쳐 달라고 해요. 하하하."

"너도 신나보이던데."

"네, 재미있어요. 아이들이 축구도 잘하고 저를 좋아하는 것 같아요."

한 꼬마 아이는 별이만 계속 따라다니며 별이에게 알아듣지 못하는 말을 계속하였다. 가이드에게 물어보니 별이에게 "형"이라고 부르는 것이란다. 아이들의 손은 까칠하고 잘 안 씻어서 얼굴도 거칠지만 웃는 얼굴은 세상 누구보다 행복해 보인다.

"엄마, 이 아이들은 텔레비전도 없고 컴퓨터도 없는데 친구들과 마당에서 놀이하는 것만으로도 행복해 하고 즐거워하는 것 같아요"

"그래, 엄마 눈에도 아이들이 행복해 보이는구나. 왜 행복해할까?"

"친구들과 함께 놀이를 할 수 있는 시간이 많아 그런 것 같아요. 우리

어떤 질문을 할 수 있을까

1. 바다일까? 호수일까?
2. 긴 막대기로 무엇을 하려고 하는 것일까?
3. 아저씨는 어부일까?
4. 그물이 왜 삼각형일까?
5. 삼각형 그물로 어떻게 물고기를 잡을까?
6. 배가 그물보다 작아 보이는데 위험하지 않을까?

나라는 아이들이 놀이할 시간이 별로 없잖아요. 학교에서 학원으로 가는 시간들이 대부분이니까요."

별이는 우리와 다른 환경에 대하여 더 궁금해 했고 가이드를 통해 사람들과 이야기를 주고 받고 있었다. 모닥불 앞은 가족들과 이웃이 모여 이야기를 나누는 장소 같았다.

"여기는 마을 사람들이 무척 친한 것 같아요. 우리는 이웃을 잘 모르잖아요. 이야기할 시간도 없구요."

"우리는 아파트에 살다 보니 이웃과 만날 일이 없는 것이 보통이지. 하지만 친하게 지내는 이웃들도 많단다."

별이는 사람들이 모여 이야기하는 모습을 보며 우리나라 이웃들을 비교하여 질문하였다. 별이는 트래킹을 하며 우리나라와 많은 비교를 하였다. 미얀마 사람들의 삶에 많은 궁금증을 보였다. 별이는 직접 보고 느끼면서 미얀마와 이곳에 살고 있는 사람들에게 관심을 갖게 되었다.

여행은 아이들의 내면을 성장시킬 수 있는 좋은 기회이다. 책으로 배우는 교육은 분명 한계점이 있다. 더 깊은 통찰력과 관찰력을 키우며 비판적 사고를 하는 아이로 키우고 싶다면 많은 경험과 기회를 제공하는 것이 부모가 아이들에게 해줄 수 있는 최선의 살아있는 교육일 것이다.

미얀마 여행 (2013. 12. 29)

태국여행을 마치고 방콕공항에서 노숙을 한 후 6시30분 비행기로 양곤 출발 7시 15분 도착

★ 첫째 날
양곤 도착 → 한국인이 운영하는 rainbow hotel 도착 → 깐또지호수로 이동(입장료 1인당 2달러) → 쉐다공파고다(신발을 벗고 들어가야 함) → 쉐다고 북문으로 나와 이동열차를 타기 위해 택시를 타고 양곤역으로 이동(외국인은 표사는 곳이 다름) → 순환열차를 타고 양곤거리 구경 →타민역 하차(과일 구입) → 타민역에서 택시 타고 술래파고다 이동(입장료 2달러) → 보족시장으로 이동(월요일은 휴무) → 버스로 호텔

★ 둘째 날
치욱타지 파고다 택시로 이동(아주 큰 와불이 있는 절) → 버스로 호텔 → 국내 비행기로 바간으로 이동 → 바간 공항에서 택시로 낭우로 이동 → 잉와게스트하우스(방이 없어 기다리다 취소된 방 겨우 잡음) → 강 선셋을 보기 위해 이동 → 난다 레스토랑(인형극을 보며 식사를 할 수 있는 유명한 곳) 저녁 → 호텔

★ 셋째 날
일출을 보러 새벽 4시 쉐산도 파고다 → 호텔 조식 먹고 쉐지공 파고다로 이동 → 마차투어로 아닌다파고다 이동(거대한 황금불상 4개의 표정과 모습으로 유명) → 낭우시장 → 껄로 이동(공항) → 내일 트래킹 예약 확인 → 숙소 → 현지인 식당에서 저녁 → 숙소

★ 다섯째 날 ~ 일곱째 날
숙소에서 아침 → 껄로주변 돌아보기 → 트래킹 시작(인레호수까지 2박3일 트레킹)

★ 여덟째 날
인례호수 도착 → 호텔 이동 → 인레호수보트 투어 → 자전거로 인레 온천 → 호텔 이동

★ 아홉 번째
호텔 조식 → 공항으로 이동(낭쉐까지 택시비 4,000짯) 양곤까지 가는 비행기다 → 양곤 도착 배낭을 메고 시간이 남아 로까찬따 파고다로 이동(하얀 큰 불상이 유명한 곳) → 택시로 공항 이동 → 한국

6
국내여행

　강원도는 바다가 아름다운 곳이라 좋아한다. 통영 바다는 큰 호수 같은 잔잔한 바다이지만 강원도 바다는 힘차고 자유로운 바다이다. 양양 낙산사를 돌아보며 바다를 바라보며 한참의 시간을 보냈다. 사람들은 많이 있었지만 나만의 시간을 보내기 위해 자리 잡고 앉아 무한정 바다를 바라보았다.

　영월은 강원도에서 특히 좋아하는 곳이다. 영월에는 단종의 유배지인 청령포가 있다. 그곳을 찾은 날은 비가 내리기 시작했고, 비오는 청령포는 더 슬퍼 보였다. 초가집 담벼락에 기대인 소나무는 충성 소나무라 불린다. 신하들이 어린 단종에게 바치는 충성을 기리는 나무인 듯하다. 단종의 슬픔이 느껴지는 청령포는 슬픔을 간직하고 있어 사람들이 발걸음 하는 듯하다.

별이와 겨울 방학 때 제주도 여행을 떠났다. 제주도는 밤에 도착하였다. 예약한 게스트하우스를 찾아 사람들과 많은 여행 이야기를 나누었다. 게스트하우스에서 만난 사람들은 여행이라는 공통점이 있다 보니 빨리 친해지며 할 이야기도 많다. 내일은 우도를 들어가기 위해 잠자리에 들었다. 우도는 제주도에서 가장 제주도다운 곳이라 할 수 있다.

아침 일찍 성산일출봉을 다녀오며 우도로 가기 위해 배를 탔다. 우도는 소가 머리를 내민 모양(牛頭形) 또는 누워 있는 모양(臥牛形)이라 해서 '소섬', 즉 우도로 불리운다. 우도의 맑은 바다를 바라보는 느낌도 좋고, 우도봉에서 말타기는 우도에서만 느낄 수 있는 색다른 경험이다. 우도에서 가장 유명한 검멀레해변검정모래해변, 현무암이 부서져 만들어짐.은 사람들 시선을 사로잡는다. 우도는 제주도가 품은 또 다른 작은 제주도 같다. 며칠 머무르며 천천히 돌아보고 싶은 마음 간절함을 뒤로 하고 돌아왔다.

작은 땅 대한민국에는 구석구석 알차고 아름다운 곳이 많다. 사람들은 간혹 질문한다. 우리나라를 다 돌아보았느냐고? 누군가는 다 가보았을까?

우리나라는 작은 나라지만 지방마다 특색이 다르고 살아가는 풍습도 다르며 사투리도 다르다. 사투리가 심한 지방은 말을 알아들을 수도 없다고 한다. 작은 땅이지만 지역마다 특색이 있어 알고보면 우리나라 여행이 더 재미있을 것 같다. 우리주변을 여행하며 여행의 안목을 넓히고 여행의 목적을 찾아 가까운 곳부터 여행을 시작해 보는 방법 또한 좋을 것이다. 좁은 땅이지만 역사가 길며 한민족 얼이 살아 숨쉬는 한국을 온전히 느끼며 알아간다면 해외여행을 떠날 때 대한민국을 알릴 좋은 기회를 찾을 수도 있을 것이다.

　나는 여행을 다닐 때 태극기를 가지고 다닌다. 애국자는 아니지만 내가 살고 있는 나의 나라를 알릴 기회가 생기기 때문이다. 외국인들은 우리나라 국기를 모르는 이들이 많다. 태극기를 보며 무엇이냐고 질문하는 외국인들에게 대한민국의 국기임을 자랑스럽게 이야기해줄 수 있다. 태극기가 어떻게 만들어졌는지 태극기의 모양이 무엇을 뜻하는지 가르쳐 준다면 외국인들은 우리나라의 국기를 영원히 잊지 않을 것이며 우리나라를 여행해 보고싶다는 생각을 할 수도 있을 것이다.

6
내가 사는 곳

    잔잔한 호수처럼 바다가 도시를 감싸고 있는 통영은 여행하고 싶게 만드는 아담한 항구도시이다. 처음 통영을 여행하는 사람들은 유명한 곳부터 가려하지만 나는 통영 현지인들의 삶을 느끼게 하고 싶다. 어디를 가도 그곳의 시장을 보면 현지인들의 삶을 느낄 수 있다고 한다. 해외에서도 시장을 돌아보면 그곳의 사람들과 동화되는 느낌을 받는다.

    통영에도 유명한 시장들이 있다. 새벽배들이 들어와 싱싱한 해산물과 물고기를 내려 놓는 곳이 서호시장이다. 현지인들도 새벽이면 서호시장을 달려간다. 서호시장은 사람들이 넘쳐나는 곳이기도 하다. 분주하게 움직이는 경매와 해산물을 사기 위해 시장에 나온 손님과 흥정을 하는 상인들 이들의 모습은 우리들의 이웃이며 함께 살아가는 정겨운 사람들의 모습이다. 분주하게 움직이는 시장은 각자의 역할에 충실히 살아가는 진

솔한 모습을 느낄 수 있다.

　여행객들이 가장 많이 찾는 곳은 중앙시장이다. 시장 맞은편 거리에 관광버스를 주차할 수 있는 공간이 있어 여행객들은 버스에서 내려 바로 시장으로 향한다. 시장 거리에는 생선을 대야에 담아 싱싱함을 자랑하고 손님들에게 맛있는 생선 맛을 보라고 유혹한다. 회를 먹고 싶다면 횟집 보다는 바로 회를 떠주는 중앙시장을 소개해준다. 즉석에서 생선을 잡는 것을 직접 볼 수 있다.

　중앙시장 뒤로 돌아 올라가면 벽화마을로 유명한 동피랑으로 올라갈 수 있다. 벽화마을의 시초인 동피랑은 사람들의 관심으로 유명해졌지만 살고있는 현지인들은 불편함을 호소한다. 동피랑을 올라가 바다를 내려다 보면 강구항이 보인다. 바닷가 도시 안으로 들어온 형상은 어디에서도 볼 수 없는 특별한 모습이다. 따뜻한 커피 한 잔을 마시며 강구항을 내려다 보면 통영을 온전히 나의 품에 안고 있는 것 같다.

　편백나무 산책길이 유명한 미래사는 조용한 암자 같은 절이다. 개인적으로 가장 좋아하는 통영의 명소이다. 절 안으로 들어가면 포근한 햇살 아래 절 마루에 앉아 있노라면 세상 근심이 사라진다. 잔디밭의 푸르름도 가슴 벅차게 하지만 조용한 절의 정겨운 모습에 발이 떨어지지 않는다.

　미래사는 현지인들에게 약수물로 유명하다. 잠시 머물다 가는 사람들의 목마름을 해소시켜주는 약수터는 늘 인기가 많다. 사람들은 큰 통을 가지고 약수물을 받아가기도 한다.

　미래사 주변의 편백나무숲길 또한 유명하다. 산책을 할 수 있는 이 길을 걷고 있노라면 상쾌한 공기가 하늘을 날 듯 몸을 가볍게 해준다. 편백나무의 피톤치드와 산책길이 보여주는 아름다운 풍경이 마음을 편안하게 해준다.

　미래사에서 한참을 차로 이동하다보면 달아공원이 나온다. 낙조의 아름다움으로 유명한 이곳은 작은 섬들을 볼 수 있는 곳이다. 시에서는 달아공원을 새로 예쁘게 단장했는데 개인적으로는 예전의 자연스런 모습이 사라져 안타깝다. 여행객들은 바다와 태양의 빛이 어우러지는 모습을 보기 위해 찾아온다. 사람들이 모여 한 곳을 향해 서 있는 모습도 아름답다. 이 사람들은 어떤 마음으로 바다를 보고 있는 것일까?

　통영 도심에 세병관이 있다. 이곳이 어떤 곳인지 모르고 간다면 넓은 대청마루 같다고만 생각할 것이다. 세병관을 찾을 때는 꼭 어떤 곳인지 알아보기를 권한다. 세병관은 통제영의 중심건물이며 창건 후 3도(경상도, 전라도, 충청도)수군을 총 지휘했던 곳이기도 하다. 세병관의 이름은 '하늘의 은하수를 가져다 피 묻은 병장기를 닦아낸다'라는 뜻으로, 당나라 시인 두보의 시 〈세병마洗兵馬〉에서 가져왔다고 한다.

　한 여름 세병관에 앉아 있노라면 불어오는 바람의 선선함이 더위를 잊게 해준다. 세병관 현판을 바라보면 당시에 전쟁이 더 이상 벌어지지 않기를 바라는 사람들의 염원이 담겨 있는 듯하다.

통영에는 두 개의 언덕이 있다. 동피랑과 서피랑이다. '피랑'이 '언덕'이라는 뜻이다. 서피랑 위를 올라가면 정자가 나온다. 정자 위에서 내려다 보면 통영의 바다와 도시의 풍경을 한 눈에 볼 수 있다. 바다에서 불어오는 바람은 서피랑 전체를 감싸며 바다의 향기를 전하는 듯하다. 도시 전체가 예술적으로 꿈틀거리는 듯하다.

서피랑을 내려오는 골목 거리는 아기자기하게 꾸며져 있다. 동네 어르신들의 사진으로 벽을 장식하기도 하며 페인트로 칠한 벽은 예쁜 색을 뽐낸다. 서피랑 주변에는 서로 아름다움을 자랑하듯 색을 입힌 작은 책방, 작은 상점들이 들어서기 시작했다. 아기자기한 마을의 모습에서 통영의 정겨움을 느낄 수 있다.

통영은 드라이브하기에 좋은 곳이 많다. 그중 인평길은 새로 단장해서 깨끗하기도 하지만 구불구불 돌다보면 넓은 바다가 한눈에 펼쳐진다.

바다 위에 떠 있는 둥근 스치로폼 볼은 양식장인데, 파란바다와 잘 어우러진 모습이 보기 좋다. 한참을 달리다 보면 작은 어촌이 나타난다. 하얀 등대와 빨간 등대가 마주하고 서있는 풍경은 바다를 생각하면 떠오르는 장면이기도 하다. 통영 바다는 잔잔한 호수와 같다. 어디를 가도 바다를 바로 볼 수 있기에 통영이 더 사랑스러운지 모르겠다.

통영은 내가 살고 있는 곳이며, 한국에서 가장 아름다운 도시이다.

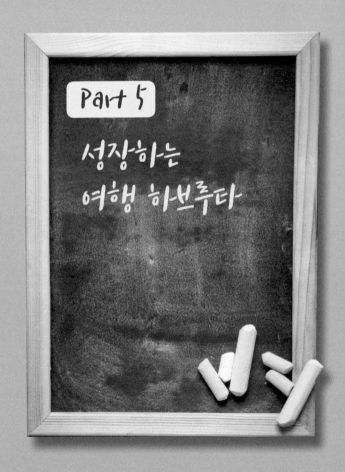

Part 5

성장하는
여행 히브루다

1

질문하는 여행

별이와 함께한 인도 여행은 엄마의 강요가 많은 여행이었다. 다시 별이와 인도 여행을 한다면 어떤 여행을 할 것인가.

가장 아쉬웠던 것은 우기일 때여서 바라나시Varanasi, 인도 우타르프라데시주(州)에 있는 도시를 제대로 보지 못했다는 것이다. 나는 다음에 바라나시를 온전히 느끼고 오기를 바라며 하브루타식 인도 여행을 계획한다.

· 바라나시는 어떤 도시인가?

바라나시는 인도에서 가장 오래된 도시 중 하나이며 힌두교에서 가장 신성한 도시이다. 해마다 100만 명이 넘는 순례자들이 방문하여 성스러운 갠지스강에 목욕을 하여 이생과 전생에 쌓은 업이 씻겨내려가기를 기원한다. 바라나시는 인도의 문화와 종교 학문의 중심지로 골목골목으로 이루어진 건물들 사이로 인도인들의 삶을 엿볼 수 있다.

◆ 인도인들에게 갠지스강은 왜 성스러운 강인가?

힌두교도들은 갠지스강이 바슈누 신의 발뒤꿈치에서 흘러나온 물이라 생각하여 신성하게 생각한다. 그만큼 종교의 힘이 크다는 의미일 것이다. 인도인들은 먼 곳에서 갠지스강을 찾아와 목욕하고 물을 담아간다. 갠지스강에 목욕하면 모든 죄가 면한다고 생각하기 때문이다. 우기를 제외하고는 거의 비가 내리지 않는 이 지역에서 갠지스강은 유일하게 물이 마르지 않는 강이다.

갠지스강에서 사람들은 많은 행동을 한다. 목욕하기도 하고 빨래를 하기도 한다. 옆에는 화장터가 있어 화장하고 나면 갠지스강에 뿌리기도 한다.

◆ 인도인들은 갠지스강에서 어떤 삶을 살아가고 있는가?

인도인들은 갠지스강에서 삶을 살아간다. 아침에 일어나 목욕을 하고 빨래도 하며 아이들에게는 놀이터가 되기도 한다. 모든 삶을 갠지스강과 함께 살아간다. 갠지스강은 그들의 삶의 시작이며 끝이다.

◆ 인도를 생각하면 가장 먼저 생각나는 것은 무엇인가?

인도인들의 삶을 그대로 닮은 곳이 갠지스강일 것이다. 그들은 강을 사랑하고 신성시 하기 때문에 그만큼 소중하게 생각한다. 강물은 더럽고 오염이 되어 있지만 인도인들은 오염에 대한 걱정은 없는 듯하다. 여행자들은 인도인들을 이해하지 못한다. 오염이 심한 강을 어떻게 저렇게 신성시 할 수 있을까 생각하지만, 이것이 그들의 삶이며 믿음이기에 우리는 그

바라나시 갠지스강

어떤 질문을 할 수 있을까

1. 흙탕물에서 수영을 해도 괜찮을까?

2. 여자들은 모여 무엇을 하는 것일까?

3. 나는 갠지스강에서 수영을 할 수 있을까?

4. 인도사람들은 갠지스강의 물을 마실까?

5. 가트에는 왜 쓰레기가 많을까?

6. 배를 타고 가는 사람들은 어디로 가고 있는 것일까?

7. 인도에는 청소하는 사람들이 따로 없는 것일까?

믿음에 무엇이라 말할 수 없다.

◆ **테레사 수녀는 바라나시에서 사람들을 돌보았다고 한다. 인도에서 그녀의 삶은 어떠했을까?**

테레사 수녀는 오랫동안 많은 사람들을 위해 봉사를 하며 인생을 보냈다. 바라나시 갠지스강에는 테레사 수녀가 가난하고 병든자들을 돌보던 곳이 있다. 인도에는 가난하고 병든 사람들이 많이 있지만 유독 더 많이 볼 수 있는 곳이 바라나시다. 그녀는 평생을 그런 사람들을 위해 봉사하며 살았다. 바라나시 사람들은 처음 테레사 수녀의 호의를 선교의 뜻으로 오해하였다고 한다. 테레사 수녀는 인도사람들에게 진정한 자신의 마음을 알리기 위해 검은 수녀복을 벗고 흰색 사리를 입었다. 흰색 사리는 인도에서도 가장 미천한 여자가 입는 옷이였다.

◆ **갠지스강에 화장터가 있는 이유는 무엇인가?**

갠지스강에 화장터가 있다. 화장을 하고 바로 갠지스강에 뿌리는 의식을 한다. 화장터는 장작을 사용하는데 돈이 많은 사람은 잘 마른 좋은 장작을 사용하고, 돈이 없는 사람은 덜 마른 장작을 사용한다. 덜 마른 장작은 시체를 제대로 태우지 못한다. 그래서 타다 만 시체를 갠지스강에 그대로 던지기도 한다. 인도인들은 몸은 빈껍데기에 불과하다고 생각하기 때문에 가능한 일이다. 우리나라 정서와는 큰 차이가 있다.

화장터를 직접 보았다. 화장터를 보고 있을 때 인도인이 뛰어와 나에게 이야기 한다.

"좋은 자리가 있어. 저곳에 가면 화장하는 것을 더 잘 볼 수 있어."

손으로 자리를 가리키며 돈을 달라고 한다. 그런데 화장하는 모습은 가까이서 볼 수 없었다. 골목이 시끄러워 고개를 돌려 보니 여러 명의 남자들이 머리 위에 짐을 올리고 뛰어오고 있었다. 그 짐은 시체였다. 남자들은 시체를 들고 갠지스강으로 뛰어오더니 갠지스강 깊숙이 담그는 행동을 한다. 그 의식이 어떤 의미인지는 잘 모르겠지만 그들에게는 중요한 의식처럼 보였다. 의식을 마치고 화장터로 시체를 옮긴다. 그들은 화장을 하고 갠지스강에 뿌려 성스러운 강물로 영혼이 속죄를 받아 윤회의 고통에서 벗어나기를 기원한다.

◆ 밤의 갠지스강은 더 화려하고 많은 사람들이 모여든다. 그 이유는 무엇일까?

저녁의 갠지스강에는 뿌자를 보기 위한 많은 사람들이 모여든다. 뿌자Puja는 5명 내외의 젊은 브라만 사제들이 신과 소통하는 힌두교 제사이다. 매일 저녁 무렵 시작해서 한시간 정도 진행된다. 갠지스강 가트Ghat, 강으로 내려가는 계단에서 행해지는 뿌자의식은 어둠과 조명의 조화와 의식을 행하는 사람들의 몸짓, 그들의 언어와 그 의식을 바라보는 사람들의 눈빛, 이 모든 것들이 모여 신성한 믿음의 의식이 이뤄지는 것 같다.

바라나시를 여행할 때 우기는 피해야 한다. 우기는 가트가 물에 잠겨 뿌자의식을 할 수 없기 때문이다. 뿌자의식은 갠지스강의 저녁을 몽환적으로 만들어 준다.

바라나시의 모습과 갠지스강에서 사람들의 삶 그리고 뿌자의식을 하

브루타로 시작해 알아보고 여행을 간다면 바라나시는 더 큰 의미로 다가
올 것이다. 질문을 만들고 대화하고 토론하며 여행지를 탐구해 보자. 하
브루타 여행은 우리에게 새로운 느낌을 가져다 줄 것이다. 다시 인도 바
라나시를 찾는다면 처음 만난 인도와는 전혀 다른 인도를 볼 수 있을 것
이다.

　　많은 이들이 여행을 통해 행복을 느낀다. 현실에서 벗어나는 자유로움
을 주며 새로운 경험을 할 수 있기 때문이다. 행복감을 주는 여행에 아이
들과 이야기 나누고 대화하고 토론하는 하브루타 여행을 한다면 더 많은
경험을 선물할 수 있을 것이다.

　　아이들에게 만들어진 여행을 경험하게 하는 것보다 여행 계획단계부
터 여행지에 대한 이야기를 나누며 동참할 수 있도록 부모의 배려가 필
요하다. 아이는 자신이 준비한 여행지를 더욱 잊지 못할 것이다. 여행 하
브루타는 경험을 통한 새로운 추억을 만들어 주는 가장 좋은 매개체가
될 것이다.

2
목적이 있는 여행

여행을 떠나면 보고 싶은 곳이 있고 하고자 하는 것도 있다. 여러 가지 목표와 목적이 있겠지만 테마를 만들어 여행해 보는 것도 좋을 것이다. 어디를 갈지를 결정할 때 테마를 정해 놓으면 여행의 목적이 더욱 뚜렷해진다.

대구는 넓은 도시이며 가볼 만한 곳이 많이 있어 테마를 정하고 간다면 더욱 알차게 다녀올 수 있다.

"별아, 대구는 어떤 여행을 하면 좋을까?"

"대구는 음악과 근현대사 거리를 여행하면 좋을 것 같아요."

"김광석 거리를 말하는 거야?"

"네, 제일 가보고 싶은 곳이에요."

"그렇다면 음악 여행을 하면 좋을 것 같구나. 근현대사는 다음에 다시 잡아보자."

대구여행 테마는 음악여행이 되었다. 당일 코스의 김광석을 그리워하는 여행이라 김광석의 음악에 관한 이야기를 나누는 것부터 시작하였다.

"별아, 김광석 음악을 어떻게 알고 있니?"

"친구들과 많이 들었어요. 엄마 세대 음악을 하신 분이시지만 그분 노래가 참 좋은 것 같아요."

"고등학생이 김광석 음악을 좋아한다고 하니 조금 놀라운데, 그분 노래 중 어떤 곡을 좋아하니?"

"이등병의 편지가 좋은 것 같아요,"

대구에서 김광석 거리를 찾기에는 어렵지 않았다. 방천시장 부근 벽화를 중심으로 꾸민 350m 거리를 대구 출신인 김광석의 거리로 꾸민 것이다. 시작은 방천시장을 살리기 위한 프로젝트였다고 한다. 김광석 거리는 벽화와 조형물, 김광석의 음악으로 꾸며져 있었다.

방천시장을 돌아 김광석 거리로 접어 들었다. 그의 음악이 흘러나오고 벽에는 김광석의 모습이 그려져 있었다. 지나가는 골목 평상에는 어르신들이 이야기를 하며 앉아 있었고, 골목에는 많은 사람들이 오고가고 있었다.

"별아, 직접 김광석 거리를 보니 어떤 느낌이야?"

"거리에 음악이 흘러나오고 김광석 아저씨의 그림이 있으니 콘서트에 온 느낌이에요."

"엄마도 그런 것 같아. 거리에 사람들은 많이 있지만 조용히 들리는 음악이 참 듣기 좋구나."

"엄마, 저기 앉아 음악 듣고 가요. 지금 이등편지 노래가 나와요."

잠시 의자에 앉아 음악을 들었다. 가로등불이 켜지기 시작했고, 작은 콘서트에 와있는 듯 흥분되고 있었다.

"김광석 아저씨는 왜 이렇게 일찍 돌아가셨을까요?"

"엄마도 잘 모르겠구나."

"슬퍼요. 지금 살아있다면 직접 들을 수 있을 텐데…."

별이는 김광석을 무척 좋아하는 듯 했다. 그의 죽음을 슬프게 생각하는 마음이 느껴졌다.

여행을 온 많은 사람들 또한 그를 그리워하며 이 거리를 돌아보고 있을 것이다. 별이와 다시 걷기 시작해 벽화 속 그림에 대하여 이야기를 나누었다. 어둠이 내리기 시작하니 음악소리는 더욱 잔잔하게 들리고 우리의 발걸음은 더 무뎌져 갔다.

"별아, 이제 가야 할 것 같아."

"조금만 더 듣고 가면 안될까요?"

별이는 이 거리를 떠나기 싫어하는 듯 다시 걷고 싶다고 한다.

"김광석 씨 노래가 왜 좋은 거야?"

"제가 음악은 잘 모르지만 그분 노래는 가사도 좋고 듣고 있으면 마음이 맑아지는 것 같아요. 이렇게 그분의 거리를 걷고 있으니 마음이 편안해지고 더 공감할 수 있는 것 같아요."

아직 어리기만 한 아이였는데 한 가수를 좋아하고 음악을 이해하는 어른스러움이 대견했다.

다시 집으로 향하는 차안에서 별이는 계속 김광석의 곡을 듣고 있었다.

"엄마, 고마워요. 오늘 짧은 여행이였지만 김광석 거리를 보며 음악을 들을 수 있어 너무 좋았어요."

"우리 별이가 좋아하니 여행을 잘 다녀온 듯 하다. 다음에 또 가고 싶은 곳이 있으면 엄마에게 이야기해줘."

"그렇게 할게요. 다음에는 어떤 테마로 여행을 갈지 생각해볼게요."

"그래. 엄마도 테마여행을 하니 참 좋아. 테마여행은 분명한 목적이 있고 짧은 여행에도 좋은 것 같아."

"정말 그런 것 같아요. 어떤 여행을 할지 목표가 분명해 좋아요."

테마여행은 무엇을 볼 것인지, 어떤 여행을 할 것인지 정확하게 정할 수 있는 것이 장점이다. 여행 기간이 짧아도 갈 수 있으며 먼 곳이 아니어도 좋다. 어떤 테마를 정할 것인지 아이와 하브루타로 대화하고 이야기 나누며, 내가 좋아하는 것이 무엇인지 알 수 있게 해주기도 한다.

내가 어떤 여행을 하고 싶은지를 깊게 생각해 볼 기회가 될 것이다.

나는 교회를 다니지만 작은 암자를 좋아해 시간이 날 때면 암자를 찾아다니며 잠시 머물려 산속 공기를 접하는 것을 즐기는 편이다.

우연히 찾은 전북 임실의 상이암은 선운사의 말사였다. 상이암은 작은 암자이기는 하지만 드라마를 촬영하기도 했으며 기가 센 곳이라 사람들이 많이 찾아오는 듯하였다.

이곳엔 태조 이성계의 초상화가 걸려 있다. 이성계는 이곳에서 하늘의 소리를 들었다고 한다. 조선을 건국한 이성계의 이야기 덕분에 유명해지기도 했지만, 상이암은 평온하고 산의 정기를 받은 듯 강한 느낌이 좋았다.

3
타지마할에서 하브루타

    인도 아그라는 세계인들이 가장 많이 찾아가는 도시이다. 그 도시는 세상에서 가장 아름다운 묘지가 있다. 타지마할이다. 웅장한 타지마할은 샤자한 왕이 그의 아내 뭄타즈마할의 유해를 묻은 곳이다. 타지마할 옆에는 야무나강이 흐르고 있다. 보름달이 뜨는 날 야무나강에 비친 타지마할의 모습은 너무나 아름답다고 한다. 저녁 타지마할을 볼 수 없었지만 여인처럼 단아한 타지마할은 그저 놀라웠다. 아그라에서 하루를 보내고 타지마할을 보기 전에 별이와 대화를 나누었다.

    "별아, 타지마할에 대해 알고 있니?"

    "잘 몰라요. 샤자한 왕이 왕비의 죽음을 슬퍼해 무덤을 만들었다고 들었어요."

    "맞아. 샤자한 왕과 뭄타즈마할은 이곳 시장에서 처음 만났다고 책에서 읽었단다. 그때 왕의 나이는 15살, 뭄타즈마할은 14살이었어. 두 사람은 첫눈에 반해 사랑했단다. 뭄타즈마할은 페르시아 귀족 출신의 공주였다고 하더구나."

"와~, 어린 나이에 사랑을 했네요. 뭄타즈마할이 무척 아름다웠나봐요."

"아니. 뭄타즈마할 공주는 키도 작고 피부도 까만편이였다고 해. 특별히 아름다운 여인은 아니었나봐. 하지만 목소리가 예쁘고 페르시아어와 아랍어를 잘하는 지적이고, 성격도 솔직한 편이였다고 하더구나."

"어떤 모습일지 상상을 할 수가 없어요."

"우리나라 사람이 아니기 때문에 상상할 수 없을 거야. 하지만 우리가 여행하면서 본 인도 여인들을 생각하면 상상할 수 있을 거야. 두 사람은 첫눈에 반해 바로 약혼을 했지만 결혼은 5년 뒤에 했다고 하는구나."

"왜 그렇게 결혼은 늦게 했을까요?"

"그 당시 궁정에는 점술사들이 있었는데 그 점술사가 선택해 준 날에 결혼을 했다고 적혀있어."

"그날이 아주 좋은 날이였나봐요?"

"그날은 왕자가 행복한 결혼 생활을 하는데 가장 도움이 되는 날이였다고 하는구나."

"옛날 사람이라 그런 것일까요? 아니면 믿음일까요?"

"엄마 생각에는 그 당시엔 점술사의 말에 의지를 많이 한 것 같아. 너는 어떻게 생각해?"

"제 생각에는 점술사에 대한 믿음이 아닐까요? 절대적인 믿음이 아니였다면 첫눈에 반한 여자를 두고 5년 뒤에 결혼했을까요? 저라면 일찍

인도 아그라에 있는 타지마할

어떤 질문을 할 수 있을까

1. 왜 지붕을 동근 모양으로 만들었을까?

2. 왜 무덤을 화려하게 만들었을까?

3. 누가 설계하고 만들었을까?

4. 사랑의 힘은 정말 대단한 것일까?

5. 타지마할 안에는 무엇이 있을까?

6. 사람들은 타지마할을 보며 어떤 생각을 할까?

7. 타지마할을 어떤 재료는 사용한 것일까?

결혼을 했을 것 같아요."

"그렇게 생각할 수도 있겠지. 우리가 모르는 시대의 사람들 이야기니 상상할 수 밖에 없구나."

"그 당시 샤쟈한 왕자는 뭄타즈마할과 결혼 하기 전에 두 번의 정략결혼을 했고 뭄타즈마할은 세 번째 부인이 되었다고 해."

"아니, 약혼을 하고도 두 번을 결혼을 했다고요?"

"정략결혼이였어. 그 시대는 왕자와 공주들은 정략결혼을 많이 했으니까."

"정략결혼이지만 사랑하는 남자가 다른 여자와 결혼을 했다면 공주의 마음이 어떠했을까요? 너무 슬퍼했을 것 같아요."

"아마도 그렇겠지. 결국은 세 번째 부인이 되었으니까. 그런데 두 사람이 결혼을 하고 무굴제국의 5대왕이 된 샤쟈한 왕은 정책적으로 결혼을 더 했다고 하더구나. 하지만 그 많은 부인들은 정치를 위한 결혼이었기 때문에 뭄타즈마할에 대한 사랑은 그대로였어."

"그 시대를 이해하지는 못하겠지만 첫사랑에 대한 마음이 그대로였다니 그나마 다행인 것 같아요."

"많은 부인들이 있으면 보통 사랑이 나누어질 텐데, 샤쟈한 왕은 뭄타즈마할을 정말 사랑했나봐."

" 그 시절 왕자, 공주들은 서로 좋아하지도 않는 사람과 결혼을 했으니 불행했을 것 같아요."

"유럽 중세시대를 보면 그런 이야기들이 많이 나온단다. 합스부르크가의 막시밀리안 1세는 혼인정책에 힘을 쓴 사람이란다. 유럽에서 합스부르크는 혼인정책으로 유럽에 대제국을 구축하였단다. 다음에 유럽 여행을 하기 전에 한 번 읽어보면 재미있는 역사가 많단다."

"네, 유럽을 여행하기 전 꼭 읽어 봐야 겠어요. 샤자한 왕과 왕비는 오래 함께 살았나요?"

"두 사람은 많이 사랑하여 19년 결혼생활에 15명의 자녀를 낳았단다."

"아이를 무척 많이 출산했네요. 힘들었겠어요."

"맞아. 아이를 출산하는 일은 여자에게 힘든일이야 너도 엄마를 통해 이 세상에 태어났잖아. 엄마도 힘들었어. 하하하하"

"잘 모르겠지만 힘드셨을 것 같아요."

"뭄타즈마할 왕비가 출산한 아이들은 태어나 바로 죽거나 일찍 죽기도 했단다. 왕비도 많은 출산으로 몸이 많이 지쳐 있었다고 하더구나. 아마 아이들이 일찍 죽으니 많이 슬퍼했을 것 같아."

"그래서 몸도 많이 망가졌나봐요."

"그러다 1631년 14번째 아이를 임신하였을 때 왕이 데칸고원으로 원정을 떠날 때 함께 출발했어. 데칸고원에서 아이를 출산하다 탈진해 왕비는 죽고 말았단다."

"왕이 무척 슬퍼했겠어요. 왜 원정을 따라 갔을까요 임신한 사람이."

"그때 만삭의 몸이였다고 하는데 궁에 있었다고 죽음을 면할 수 있었을까?"

"궁에 있었다면 편안하게 아이를 출산하였을 것 같아요"

"왕비는 크고 작은 전쟁도 따라가고 나라일을 함께 의논할 정도였어. 너무 안타까운 일이야. 왕은 죽은 왕비를 그곳에 묻고 돌아왔지만 상실의 아픔에 좋은 음식도 먹지 않고 좋은 옷도 입지 않았다고 해. 그의 머리카락도 하얗게 변하고 나랏일도 제대로 돌보지 않았대."

"너무 슬프면 머리가 하얀색으로 변하나 봐요."

"아마도 스트레스 때문이 아닐까? 마음이 너무 아프니 그렇게 표현되어진 것일 거야. 사람들이 받는 스트레스는 무서운 거야."

"저도 공부할 때 스트레스 받아요. 하하하."

"우리 아들이 공부 때문에 스트레스를 받는구나. 엄마가 어떻게 해주면 좋을까?"

"아니에요. 공부를 해야 하는 것을 너무 잘 아는데 가끔은 하기 싫으니 그렇죠."

"그래. 엄마도 학교 다닐 때 공부하기 싫었어. 별이 마음은 알고 있는데 엄마가 스트레스 받지 말라고 하지는 못하겠네."

"알아요. 엄마 마음. 하지만 학생들도 그 나이에 하고 싶은 것이 있잖아요. 무조건 공부를 하라고 하면 스트레스 받죠. 우리들 마음을 알아주면 좋겠어요."

"부모님들 마음은 우리 아이들이 공부를 잘해 좋은 대학을 가면 취직도 잘하고 행복하게 살 수 있기 때문에 공부를 열심히 해주기를 바라며 잔소리를 하는 것이야"

"부모님들 마음은 아마 잘 알고 있을 거예요 하지만 우리도 미래를 생각하고 걱정하죠. 공부도 열심히 하려고 노력하구요. 공부를 하려고 하는데 부모님들이 잔소리를 하면 하기 싫어져요. 본인 스스로 공부도 하고, 다른 하고 싶은 것도 하려고 하는데 말이죠."

"그렇다면 부모님께 솔직한 마음을 이야기하면 어떠니?"

"솔직히 이야기하면 들어주실까요?"

"마음을 솔직히 이야기하면 부모님들도 들어주실 거야."

"친구들 이야기를 들어보면 들어 주기는 하는데, 끝에는 하고 싶은 취미보다는 공부를 열심히 하라고 말씀하신대요. 저는 엄마가 제 이야기를 잘 들어 주시니 괜찮은데 대부분 친구들은 부모님들께서 공부를 많이 강요 하신대요. 그래서 스트레스를 받는다고 이야기해요."

"너희도 부모님의 말씀에 경청을 하고 부모님들도 너희들의 말에 경청을 한다면 서로 타협점이 있을 거라 생각해."

"엄마는 왜 저희들 이야기를 잘 들어 주세요?"

"엄마 생각에는 너희들도 하고 싶은 것이 분명 있다고 생각해. 너희들을 존중해주고 싶어. 그리고 제일 중요한 것은 너희들을 믿기 때문이야."

"믿어 주시니, 형도 저도 엄마말씀을 잘 듣지요. 하하하"

별이와 타지마할에 앉아 많은 이야기를 나누었다. 하나의 스토리를 가지고 별이와 나눈 다양한 대화들이 좋았고, 그렇게 아들과 소통할 수 있다는 것이 기뻤다.

타지마할의 그녀는 누구보다 행복한 사람인 것을 알았다. 다음에 또 인도에 온다면 야무나강의 달빛에 비친 타지마할을 꼭 보고 싶다. 별이와 다시 인도를 와야 하는 두 번째 이유가 생겼다.

4
여행의 끝은 대화

혼자 여행을 할 때 누구와 대화를 나눌 수 있을까. 혼자 떠나는 여행도 이야기를 나눌 상대는 무궁무진하다. 나를 모르는 여행자들과 얼마든지 여행지와 세상 돌아가는 이야기를 나눌 수 있다.

말레이시아는 면적이 우리나라의 3배이며 고온다습한 열대성 기후로 4계절이 여름인 나라이다. 수도는 트윈타워로 유명한 쿠알라룸프르이다. 말레이시아는 쿠알라룸프르가 있는 서말레이시아와 코타키나발루가 있는 동말레이시아로 나누어져 있다. 특히 말라카에 가고 싶었다.

말레이시아는 뼈아픈 식민지 역사를 가지고 있다. 포르투갈에 의해 130년, 네델란드에 의해 183년, 영국의 식민지로 163년, 총 446년간의 식민지를 겪었다. 그래서일까. 말라카에는 식민지의 흔적이 많이 남아있다.

말라카에 가기 위해 쿠알라룸프루에서 투어 차를 기다렸다. 차가 도착할 시간이 되니 한국 사람들이 모이기 시작했다. 꼬마와 엄마가 함께한 식구, 혼자 여행을 하는 여자아이, 연인들 등.

말라가에 내려 가이드는 역사를 이야기하며 말라카의 여러 곳을 설명해 주었다. 혼자 여행하는 여자아이는 호주에서 여행 온 '미란다'라고 자신을 소개하였다. 미란다는 활발한 아이였다.

"한국 어디서 오셨어요?"

"경남 통영인데 알아요?"

"아뇨. 제가 어릴 때 호주로 유학을 가서 잘모르겠어요."

"통영은 어떤 곳인가요?"

"통영은 바다가 잔잔한 남해안에 있는 도시예요. 보통 동양의 나폴리라고 하죠."

"아름답겠어요. 가보고 싶은 생각이 들어요."

"한국에 오면 통영 한 번 와요. 사실 말라카보다 더 아름다워요. 하하."

"말레이시아 여행이 끝나면 한국으로 갈 거예요. 할머니가 서울에 살고 계세요."

"어릴 때 호주로 갔는데 한국말을 잘하네요."

"부모님들께서 집에서는 한국말을 사용하도록 하셨어요."

"그러셨구나. 한국말을 잊어버리지 않아서 정말 다행이예요."

"말레이시아는 어떻게 왔어요?"

"동남아 여행하다 쌍둥이 빌딩이 보고 싶어 왔어요. 나이드신 분들은 혼자 여행을 잘 못하시던데 어떻게 혼자 여행을 오셨어요?"

"하하, 저는 혼자 여행을 즐기는 편이라 잘 다녀요."

"혼자 다니시면서 어디가 좋으셨어요?"

"나라마다 그들의 모습이 있기에 다 좋았는데 인도와 인도네시아가 좋았어요."

"인도는 저도 가보고 싶은 곳이였어요. 혼자 다녀오셨어요?"

"아뇨. 작은 아들과 함께 다녀 왔어요."

"좋으셨겠어요. 저는 부모님들께서 늘 바쁜 분들이라 함께 여행할 시간이 없어 호주에서도 혼자 다녔어요. 그래서 부모님과 함께 여행하는 친구들이 부러웠어요."

미란다는 부모님들 이야기를 하며 많이 슬퍼하는 모습이었다. 외국에서 혼자 있는 시간이 많았다며 슬퍼하는 모습을 잠깐 보였지만 다시 활발한 미란다로 돌아왔다.

말라가를 여행하며 사람들과 친해져 갔다. 미란다와 많은 이야기를 했지만 아이와 함께 온 현지 엄마와도 여행 이야기를 한참 나누었다.

"현지가 무척 밝아요. 엄마를 닮았나봐요."

"저 보다는 아빠를 많이 닮았어요. 말도 많이 하고 시끄러워요. 하하하."

"아이와 여행하시니 즐겁죠?"

"아직 어려 잘 모를 것 같지만 아이와 즐거운 추억을 만들고 싶어 현지와 왔어요."

"저도 아이와 여행을 많이 다녔는데 아이와 이야기 나누기 좋은 것 같아요."

"아이와 어떤 이야기를 많이 하셨어요?"

"저는 여행지에 대한 이야기를 많이 하는 편이에요. 아이가 궁금해 하는 것들을 같이 찾아보고 이야기 나누기도 하였지요. 저희는 여행을 갈 때 책을 한 권 정해 들고 다니며 읽었어요."

"좋은 방법 같아요. 저도 아이가 조금 더 크면 그렇게 여행을 다녀야 겠어요."

말라카를 여행하며 사람들과 나누는 이야기는 즐거웠다. 저녁이 되니 반딧불을 보기 위해 마지막 코스로 이동하였다. 3사람씩 짝을 지어 작은 배를 탔다. 까만 밤하늘에 반짝이는 반딧불은 너무 아름답고 신기했다. 초록불이 이리저리 날아다니며 무리지어 있는 곳은 가로등 불빛과는 완전히 다른 빛이었다. 사람들은 반딧불을 보며 신기해 했고 아이들은 소리를 지르며 즐거워한다. 자연이 주는 선물이겠지. 반딧불이 자라는 곳은 청정지역이라고 한다. 우리나라에도 무주에 반딧불 축제가 있는데 아직 가보지 못했다. 우리나라 반딧불은 이보다 더 아름다울 것 같다는 생각이 들었다.

투어를 마치고 헤어질 시간이 되었다. 하루 동안 함께 여행하며 즐겁게 대화를 나누다 보니 친해져 그냥 헤어지기 아쉬워 미란다와 현지네와 함께 커피를 마시기로 하였다.

"현지가 아직 어리기는 하지만 질문을 많이 하는 편이라 여행지에 대해 이것저것 많이 물어봐요."

"아이가 질문을 많이 하면 좋아요. 하지만 답을 알려주는 것보다 되질 문을 하고 현지의 생각을 물어보는 것이 좋아요."

"저는 현지에게 알려주기만 했는데…."

"다시 질문하면 현지의 생각도 들을 수 있어요. 꼭 정답이 아니어도 현지가 상상하고 생각하는 대답이 더 소중하죠."

"그렇게 해야겠어요. 아이의 생각을 들어보는 것이 좋은 것 같아요."

"맞아요. 아이들이 다른 생각을 해보는 것이 중요하죠."

현지의 생각을 듣기 위해 우리는 현지에게 원숭이에 대한 이야기를 나누고 질문을 해보았다. 현지는 자신의 생각을 이야기하고 엄마와 원숭이에 대하여 이야기 나누는 것 자체를 즐거워했다.

여행지에서 만난 사람들과 많은 이야기를 나누었다. 대화를 나누고 서로 상대의 말에 경청하며 소통이 되어가는 시간이 무척 즐겁게 느껴졌다.

여행을 다녀와 말레이시아 여행기를 적으며 함께한 사람들을 생각하니 그때의 즐거움이 다시 생각난다.

말레시아에서도 즐거운 추억들이 많았다. 여행지에 대한 추억보다 사람들과의 만남이 더 즐거운 여행이었다. 여행을 다녀오면 여행지에 대해 일기를 쓰는 버릇이 생겼다.

여행 끝은 대화인 듯하다. 누구와 어떤 이야기를 하는 것이 중요한 것이 아니라 그 누구라도 함께 이야기 나누며 공감하는 느낌을 가질 수 있다면 그것으로도 충분히 좋은 여행이라 할 수 있다.

5
내가 만드는 여행

여행을 떠나고 싶다면 우리는 무엇을 준비할까? 먼저 어디로 여행을 가고 싶은지 또 어떻게 가야 할지 생각을 한다. 누구와 같이 여행을 할지도 중요한 문제이다.

보통은 여행사에 의뢰를 한다. 요즘 많이 가는 여행지가 어디인지, 얼마의 돈이 있는데 그 정도면 어디로 갈 수 있는지, 유명한 여행지가 어디인지, 가족여행은 어디로 가면 좋은지, 어디에 며칠이 소요될지 등 많은 이유로 여행사에 문의를 하며 여행을 결정한다. 물론 젊은 친구들은 스스로 선택하고 결정하는 여행을 하기도 하지만 대부분 여행사에서 만들어 보여주는 여행을 선택한다.

이제는 나 스스로 선택하고 판단하고 결정하는 여행을 해보는 것은 어떠할까? 여행지 선택도 내 마음이 가는 곳으로 결정하며 여행계획을 세워 보는 것도 즐거운 경험이 될 것이다. 우리나라가 아닐 경우 두려움도

라오스 방비엥

어떤 질문을 할 수 있을까

1. 큰 풍선은 어떻게 하늘 높이 올라갈까?

2. 목적지는 어디일까?

3. 풍선을 타고 하늘을 날아가는 기분은 어떨까?

4. 풍선에 타고 있는 사람들은 누구일까?

6. 아래 긴 강 이름은 무엇일까?

7. 풍선은 몇 명까지 탈 수 있을까?

분명 있을 것이며, 낯선 곳에서 낯선 사람들이 두렵기도 할 것이다. 하지만 그곳 또한 사람들이 살아가는 곳이기에 두려움과 걱정은 조금 뒤로 해도 좋다.

라오스는 두 번을 다녀왔다. 별이와 치앙마이를 여행하며 메콩강 건너 라오스가 궁금해졌기에 다음 여행은 라오스로 가자고 약속했다. 그리고 겨울 방학 때 라오스로 향했다. 라오스는 우리나라가 겨울일 때 건기라 여행하기에 좋은 계절이다. 이번 라오스 여행은 놀이와 문화를 탐방으로 목적을 두었다.

두 번째 라오스여행은 부탁을 받은 여행이었다. 알고 지내는 지인들 중 두 사람이 함께 여행을 가고싶다고 하였다. 배낭여행을 경험해 보고 싶은 지인들은 여행을 함께 가기를 원한 것이다. 이야기 끝에 라오스로 결정하였다.

"언니가 다녀 오셨으니 일정과 계획을 만들어 주세요. 우리는 언니 따라 갈게요."

"그렇게 하면 너희들이 편하기는 하겠지만 그 여행은 너희들 여행이 아닌 거야. 그러니 함께 계획하고 결정하는 것이 좋아."

"그럼 어떻게 하면 좋을까요?"

"우선 라오스에 대해 공부를 하는 것이 좋아. 예를 들면 너희들이 가고 싶은 블루라군 물의 색이 왜 그렇게 아름다운인지 알고 싶지?"

"물 색이 변하는 이유가 있어요? 잘 모르겠는데."

"왜 그런지 알고 가면 블루라군이 다르게 보여질 거야. 오늘부터 라오스에 대해 공부하고 일정도 코스도 너희가 만들어봐. 각자 만들고 다시 모여 하나로 정하자. 그때는 내가 도와줄게. 여행이 한 달 남았으니 비행기표는 내가 예약할 테니 라오스에 대한 여행은 각자 만들어 2주 뒤에 다시 만나."

처음 여행을 계획하다 보면 어렵고 힘들지만 여행을 준비하는 과정이 여행을 떠난 후보다 즐거운 과정임을 알게 된다. 그 과정을 경험해 보는 것과 해보지 않은 것은 차이가 크다. 스스로 선택하고 결정한 여행이 나에게 얼마나 알찬 여행이 되는지 경험으로 알게 된다.

약속한 시간이 되어 우리는 다시 만났고 여행에 대해 다시 이야기를 나누었다.

"일단 코스와 일정을 만들어 보았어요. 생각보다 어려웠는데 라오스를 공부하고 하나하나 찾아보고 일정을 만드니 라오스가 느껴지는 기분이였어요. 재미있었어요."

미선이는 여러 가지 일정들을 만들어 보았다며 즐거워 하였다. 두사람 모두 힘들기는 했지만 자신들이 보고싶고 느끼고 싶은 일정들을 잘 만들어 왔다.

"둘 다 잘 만들었어. 내가 여행을 해봤으니 너희들보다는 잘 알지만 두 사람 일정을 하나로 만들면 충분히 즐거운 라오스 여행을 할 수 있을 것 같아. 현지에서는 내 경험이 도움이 될 것 같아."

두 사람의 일정과 코스는 비슷했다. 두 사람 생각을 하나로 만들어 일정을 잡았다. 생각보다 잘 만든 일정이라 나도 기분이 좋았고 두 사람도 자신들이 만든 일정을 보며 뿌듯해했다.

두 친구는 여행을 준비하여 느낀 감정들에 대해 이야기를 나누었다. 우리는 라오스 일정에 대한 이야기를 나누며 서로 양보도 하고 대화하고 토론하며 구체적인 일정까지 마무리했다.

라오스공항에 도착해 바로 방비엥으로 이동하기로 하였다. 라오스는 한국 사람들이 여행을 많이 오기 때문에 한국 사람들이 게스트하우스와 투어를 예약해주기도 한다. 우리는 한국 사람이 운영하는 게스트하우스에 묵기로 하고 방비엥까지 가는 미니밴도 예약해 두었다.

라오스 여행은 방비엥에서 루앙프라방 그리고 라오스의 수도 비엔티안까지 일정을 만들었으며 지역마다 가볼 만한 곳을 찾아 여행하였다. 방비엥에서는 엑티비티를 하였다면 루앙프라방에서는 느리게 흘러가는 시간에 동화되었다. 저녁마다 펼쳐지는 야시장은 소수부족들의 공예품들을 보며 시장을 구경하는 재미가 무척 즐거웠다. 외국인 친구도 만나 함께 이야기 나누었다.

스스로 선택하고 판단하고 결정한 여행이기에 더 흥미롭고 즐거운 여행이었다.

첫 번째 라오스 여행 (2015. 12. 25)

★ 첫째 날
인천 → 비엔티안 도착 → 철수네 짐을 부탁하고 메콩강 야시장 구경 → 미니밴을 타고 방비엥으로 출발 → 방비엥 새벽 도착 → 주막 게스트하우스 취침

★ 둘째 날
게스트하우스에서 조식 → 투어 시작 → 짚라인 투어 → 점심 → 블루라군 → 숙소 이동 → 방비엥 저녁거리 산책 → 방비엥 식당에서 저녁(샤브샤브, 볶음밥) → 저녁 취침

★ 셋째 날
아침 6시 에드벌룬 탑승 장소로 이동 → 에드벌룬 탑승 → 조식 → 9시 미니밴으로 루앙프라방으로 출발(소요시간 4시간) → 루앙프라방 도착 → 호텔 체크인 → 왓씨앙통 → 왓마이 → 푸시산 → 왕궁박물관 → 야시장 구경 → 저녁 샌드위치와 맥주 → 취침

★ 넷째 날
탓밧을 보기 위해 새벽 기상 → 조식 → 조마베이크리 커피와 빵 → 꽝시폭포 → 숙소도착 → 야시장 구경 → 저녁 → 취침

★ 다섯째 날
아침 일찍 팍우동굴 → 공항 이동 → 비엔티엔 도착 → 철수네 짐 부탁 → 빠뚜싸이 → 탓루앙 → 공항

두 번째 라오스 여행 (2017. 12월 31일)

★ 첫째 날
인천 → 비엔티안 출발 → 비엔티안 도착 → 심야 밴으로 방비엥 출발 → 주막 게스트
하우스 도착 → 취침

★ 둘째 날
조식 주먹에서 → 방비엥 투어 시작 → 짚라인 → 카약 → 동굴탐험 → 점심 → 블루
라군 → 숙소 도착 → 방비엥 저녁거리 구경 → 저녁식사 → 취침

★ 셋째 날
방비엥 아침 시장 구경 → 비니밴으로 루앙프라방 출발 → 루앙프라방 도착 → 숙소
짐풀고 왓씨앙통 → 왓마이 → 왕궁박물관 → 푸시언덕 → 저녁 → 야시장 쇼핑 →
호텔 → 취침

★ 넷째 날
탓밧을 보기 위해 새벽 기상 → 아침 시장 구경 → 조마베이커리, 커피 → 꽝시폭포 →
팍우동굴 → 야시장 구경 → 마사지 → 호텔 → 취침

★ 다섯째 날
아침 일찍 팍우동굴 → 공항 이동 → 비엔티엔 도착 → 철수네 짐 부탁 → 빠뚜싸이 →
탓루앙 → 왓시사켓 과 박물관 → 발마사지 → 공항

6
성장하는 여행

가족의 여행은 어떻게 준비하는 것이 좋을까? 어떤 여행을 해야 아이들도 성장하고 부모도 함께 즐거운 여행이 될 수 있을까 고민할 필요가 있다. 부모는 여행을 가기 전 아이들과 충분한 이야기를 나누고 아이들 생각에 경청하여 판단할 준비가 되어야 한다. 아이의 말에 경청하는 것이 부모가 아이들과 함께 성장하는 시작이다.

하브루타에서 가장 중요한 핵심은 질문과 대화이다. 아이들과 여행을 간다면 부모들은 아이들에게 질문할 수 있어야 한다. 여행지에서 질문을 하기 위해서는 여행지에 관심을 가져야 한다. 관심 없이 질문이 만들 수는 없기 때문이다. 하지만 부모들은 주입식 교육을 받아 왔고 주어진 질문에 답을 하는 것에 익숙하기 때문에 아이들에게 질문하기를 어려

위한다. 부모들은 아이들에게 질문하고 아이들 생각을 이야기할 수 있도록 노력해야 한다.

아이들도 질문에 대답하는 것도, 질문을 만드는 것도 힘들어한다. 질문 만들기에 익숙해지기 위해서는 텍스트를 읽고 반복적으로 연습해 서서히 익숙해질 수 있도록 해야 한다. 그러므로 여행을 가지 전 여행계획을 세울 때부터 아이들과 이야기를 나누고 흥미로워 하는 여행지에 대해 질문을 하고 아이들이 생각하고 답을 할 수 있도록 해야 한다.

하민이는 7살이고, 형은 10살이다. 두 아이는 성격이 활발하며, 부모님은 둘 다 직장생활을 하는 평범한 가정이다.

"이번 여름 휴가는 가족여행을 가는 게 어떨까?"

가족여행을 계획하며 아빠가 먼저 이야기를 꺼냈다.

"야, 신난다. 저는 좋아요."

"알았어. 아빠가 여행계획을 세워 볼게"

아빠는 여행을 함께 가기로 결정하고 나머지는 아빠가 여행 계획을 짜기로 했다. 며칠이 지나 아빠는 식구들과 모여 여행 계획을 꺼냈다.

"애들아. 우리 베트남으로 가자"

아빠가 생각한 곳은 베트남이었다.

"베트남에 가서 뭐해요?"

경민이는 베트남에 관심이 없는 듯 무심히 물었다.

"하롱베이라고 아주 풍경이 멋있는 곳이 있어. 배도 타고 구경하고 맛있는 회도 먹을 수 있단다."

"아이들이 별로인가봐요."

"아이들이 무엇을 알겠어. 우리가 결정하면 되지."

부모들은 아이들의 생각에는 관심 없이 아빠가 가고 싶은 곳으로 여행을 결정한다. 하민이 아빠는 아이들의 생각이 어떤지 궁금하지 않았을까?

경민이는 아빠와 여행 이야기를 더 하고 싶었다.

"저와 하민이는 베트남 가기 싫어요."

"왜 가기 싫어. 베트남에 가보지도 않았잖아."

"가보지 않았지만 하민이와 저는 놀이동산에 가고싶어요."

"그래? 그럼 다 같이 이야기해보자."

하민이 가족은 모두 한자리에 모여 여행에 대한 자신의 생각을 다시 이야기 해보기로 하였다.

"경민이가 베트남 여행을 가기 싫다고 하는데 다른 식구들은 어떻게 생각해?"

"저도 베트남보다는 놀이동산이 있는 곳으로 가고싶어요."

"너희들은 비행기 타고 가는 것 좋아하잖아."

"좋아해요. 비행기 타는 것은 좋지만 베트남엔 놀이동산이 없잖아요."

"여보, 아이들이 놀이동산이 있는 곳으로 가고 싶은가 봐요. 아이들 생각이 왜 그런지 들어봐요."

아빠와 엄마는 아이들이 놀이동산에 가고싶어 하는 이유를 들어보기로 하였다.

"경민이부터 이야기 해볼래? 여행보다 놀이동산이 더 재미있어?"

"놀이동산 재미있잖아요. 여행보다 더 재미있을 것 같아요."

"하민이도 가기 싫어?"

"저도 형처럼 놀이동산 가면 좋겠어요. 놀이동산 가면 신나게 놀 수 있어요."

"아이들은 여행을 아직 잘 모르는 것 같아요. 그래서 놀이동산을 더 좋아해요."

이런 상황에서 부모들은 아이들에게 어떤 질문을 하고 어떻게 이야기를 나눌 수 있을지 생각해 보자.

"경민아, 아빠는 여행을 가고 싶은데 어떻게 하지?"

"아빠는 여행을 가고 싶은데, 우리는 놀이동산 가고 싶고 어떻게 하죠?"

"엄마 생각에는 놀이동산이 있는 나라로 가면 어때?"

"와, 그렇게 해도 좋을 것 같아요."

부모와 다른 생각을 하고 있는 아이들과 대화를 나누고 아이들에게 부모의 생각을 이야기하며 서로의 말을 경청하고 대화하고 질문하고 배려하는 가족의 모습은 보기 좋았다.

하민이 가족은 놀이동산과 여행을 같이 할 수 있는 일본 오사카로 가기로 결정하였다고 한다. 하민이 부모는 유치원에서 하브루타 수업을 열심히 듣는다. 하지만 실천하기가 어려워 아이들 생각을 잘 듣지 못했는데 이번 여행을 결정하며 경험한 것들이 많은 도움이 되었다고 한다.

하브루타에서 질문을 만들어 짝과 대화하고 토론하는 것이 중요하다.

부모들은 아이들이 어떤 상황에서도 질문을 할 수 있도록 노력해야 한다. 그러기 위해서는 부모들도 가정에서 아이들 말에 경청하며 아이들이 질문을 하면 스스로 생각할 수 있도록 부모는 되질문을 해야함을 명심해야 한다.

부모의 노력은 아이들과의 원활한 소통으로 아이들은 부모를 존중하며 자신의 이야기를 부모에게 이야기 하기를 즐기게 되는 것이다.

유대인 부모는 아이들에게 질문하고, 아이스스로 생각하고 답을 찾기 위해 끊임없이 생각하는 습관을 길러주기 위해 항상 질문을 던진다. 생각의 힘이 길러지면 아이들의 두뇌가 격동하며 사고력이 향상된다. 유대인 부모는 질문이 교육에서 가장 중요한 덕목이라 생각한다. 그러기에 아이들이 스스로 생각할 수 있는 질문은 무엇인지 부모들은 고민해보아야 한다. 부모도 아이들을 위해 성장해야 한다.

하브루타의 핵심은 질문이다. 여행지에서 바라보는 것들을 통해 남과 다른 생각을 할 수 있어야 하며 그 생각에 대해 자신의 관점을 가지고 나의 생각을 주장할 수 있어야 한다.

유대인들은 남과 다르게 생각하라고 가르친다. 왜 그럴까? 아이의 생각을 존중하고 아이의 개성을 존중한다. 모든 아이들은 타고난 재능이 다르기 때문이다. 우리의 부모는 어떠한가? 가정에서도, 학교에서도, 여행지에서도 아이들의 생각이나 개성을 얼마나 존중해 주고 있을까?

아이에게 주는 최고의 교육
여행 하브루타

방학이 되기 훨씬 전부터 여행 준비는 시작된다. 싼 가격에 예매하기 위해 항공권은 일찍부터 예매해야 한다. 숙박을 예약하고 일정과 코스를 정하고 나면 나만의 가이드북을 만든다. 그렇게 나의 여행은 시작된다.

아들과 함께했던 기존의 여행이 나의 독단으로 아쉬움을 남긴 것 같아 부끄러운 생각이 들었다. 여행이라는 소중한 추억을 준비단계부터 아이와 소통할 수 있었다면 더 행복한 경험이 되었을 텐데 말이다.

아이와 소통할 수 있는 여행, 아이와 질문하고 대화하며 교육적인 효과를 나눌 수 있는 여행을 하면 어떨까 고민을 하고 있을 때 하브루타를 접하게 되었다. 하브루타를 처음 접할 때 마치 심봉사의 눈이 광명을 찾은 것처럼 눈앞이 밝아지고 천지가 반짝이는 듯 했다. 통영에서 서울까지 매주 오가며 하브루타에 점점 빠져들었다. 기쁘고 즐거움의 연속이었다. 빨리 아이들에게 하브루타를 만나게 해주고 싶었고, 교사들에게 하브루타의 감동을 느끼게 해주고 싶었다.

유치원 현장에서 시작한 하브루타는 교사들부터 변화를 가져오기 시작하여 아이들에게 자연스럽게 스며들었다. 아이들에게 서서히 변화가 오고 있었다.

유치원에서 실천한 하브루타는 아들과 함께하는 여행에서도 변화를 가져오게 해주었다. 일방적인 엄마의 여행일정에서 벗어나 아이와 함께 대화하고 경청하며 소통하는 여행을 할 수 있게 되었다. 여행 목적지를 정하는 것부터 일정과 코스를 정하는 것까지 아이와 대화를 나눈다. 아이의 질문에 다시 되질문을 하는 과정을 거치다 보면 아이의 대답에 경청하는 부모가 될 수 있다.

여행 하브루타는 처음부터 아이와 대화를 나누며 아이의 질문에 되질문을 하고 아이의 생각을 들어주어야 한다. 이 과정들이 쉬운 것은 아니다. 특히 여행 하브루타의 강점은 현장에서 아이들과 직접 보고 느끼며 이야기할 수 있다는 것이다.

"아빠, 우리나라 집과 일본 집은 왜 다르게 생겼어요?"

이런 아이의 질문에 우리는 어떻게 대답을 해주었을까? 아마도 우리는 아이에게 정답을 이야기 해주기 위해 노력했을 것이다.

이제 "너의 생각은 어때?"라고 아이에게 되질문을 하면 된다.

소크라테스는 제자들에게 질문을 통하여 스스로 깨달을 수 있도록 계속 질문을 하였다. 하지만 소크라테스 산파술은 스승이 답을 정하고 질문하기에 하브루타와 다른 맥락을 가지고 있다. 하브루타는 질문이 핵심이다. 그러므로 질문을 통하여 아이들과 여행을하며 보고 느끼고 궁금한 것을 스스로 깨달을 수 있도록 하여야한다. 그러기 위하여 부모들은 아이들에게 질문하고 아이가 스스로 생각할 수 있도록 하여야 한다. 여행 하브루타를 통하여 부모와 아이들이 대화를 나누고 소통하며 경청할 수 있는 여행을 하기를 바라며 이 책을 만들었다. 어렵다고 힘들다고 생각하는 것보다 아이들과 함께 할 수 있는 여행에서 즐거운 마음으로 함께 하브루타를 한다면 우리 아이들에게 최고의 경험을 선물하는 부모가 될 수 있다고 믿는다.

— 박미숙(소망유치원장, 그 아이들만의 행복연구소장)